Susan Lambrecht

MÄRCHEN UND SAGEN AUS DER MÜRITZREGION

müritz buch

Sagen und Geschichten aus der Müritzregion

neu vorgestellt und erzählt von Susan Lambrecht

müritz.buch

Bibliografische Information der Deutschen Bibliothek
Die Deutsche Bibliothek verzeichnet diese Publikation in der Deutschen Nationalbibliografie; detaillierte bibliografische Daten sind im Internet über http://dnb.ddb.de abrufbar.

ISBN 978-3-928117-36-4

Fotos: Peter Ernst (Fotos Heisterstein, Burg Penzlin: Susan Lambrecht)
Umschlaggestaltung: Robin Zimmermann
Gesamtherstellung: xeaven media, Glockengießerweg 7, 17192 Waren (Müritz)

INHALT

Zum Geleit ... 13

Aus der Slawenzeit ... 19

Der weissagende Kriegsgott von Röbel ... 21

Rethra ... 24

Die Stadt in der Lieps ... 29

Der goldene Slawengott ... 30

Ritter und Raubritter ... 33

Die grausamen Raubritter von Ulrichshusen ... 34

Der lange Hans von Flotow ... 36

Die Raubritter im Wienkenkrug ... 37

Der schlaue Ritter Eikholt ... 40

Henning Bradenkirl in Ankershagen ... 41

Wie der Plötzensee entstand ... 44

Ritter Hennecke von Morin ... 47

Historische Ereignisse ... 50

Das versteckte Dorf Zachlin ... 51

Die Dambecker Glocke ... 53

Der Rattenfänger von Krümmel ... 55

Die Heilquelle am Minzower Weg ... 56

Der Galgenberg bei Melz ... 58

Der rettende Hahnenschrei ... 59

Die rettende Glocke ... 60

Soli Deo Gloria ... 62

Seen, Fische und Wassergeister 63
Die Bernsteinnixe in der Müritz 65
Der Bernsteinfelsen 68
Der Fischkönig 70
Der gottlose Fischer von Waren 72
Das gefährliche Feisneckwasser 74
Der fremde Fahrgast 76
Schiffer Karls und die drei Damen 78
Den Fischern entwischt 80
Der Fisch mit der Glocke 82
Der Hund im Schwarzer See 83
Die schwedische Kriegskasse 84

Drachen, Lindwürmer und Schlangen 86
Der Lindwurm in Jabel 88
Nu is hier doch 'n Lindworm! 89
Der Drache in Klink 90
Der Schlangenkönig 91
Zu spät! 94

Sagenhafte Tierwelt 95
Der Hase und der Knecht 96
Die gespenstische Gans 97
Der schwarze Hund von Schloß Grubenhagen 98
Grüße an die Katze 99
Der goldene Hirsch 100

Warum die Schwalbe am Haus nisten darf .. 102
Warum das Eichhörnchen rot ist 103
Warum die Kröte rote Augen hat 104

Zwerge 105
Die Unterirdischen in Malchow 107
Die neugierige Schneiderin 109
Der Schuster und das Männchen 110
De Scheper mit de Dwaßfläut 112
Das wundersame Getränk 113
Als die Zwerge fortzogen 117

Riesen. 118
Riesensteine bei Penzlin 119
Der Riesenstein bei Klink 120
Die Riesenfußspur 122
Wie die Burgwallinsel
in der Feisneck entstand 124

Schätze und Schatzsucher 125
Die versenkte Kriegskasse
im Wackstower See 127
Schatzgräber am Heisterstein 128
Der Schatz in der Kirche zu Ankershagen ... 130
Das Geldfeuer am Kreuzweg 131
Der dumme Frohnerknecht 132
Der Schatz unterm Holzapfelbaum 134
Der Bauer und das Geldfeuer 136

Geister und Tote 138
Die schwarze Dame in Göhren-Lebbin 139
Der Gottesdienst der Toten
in der Nikolaikirche zu Röbel 140
Der Totentanz in Sietow 142
Der Schneider mit dem Buckel 143
Die Orgelbauer und die Dame 144
Der Feuerreiter von Jabel 146
Scheidegänger in Sietow 147
Durch Gotteslohn erlöst 149
Das graue Männchen bei Minzow 151
Der spukende Bürgermeister Hans Hörning . . 152

Spuk und wundersame Erscheinungen . . . 154
Der Schimmelreiter 155
Das Schloss im Werder bei Waren 156
Der sprechende Zweig 158
Pächter Berning in Nöten 160
Das Licht bei Göhren-Lebbin 162
Das Licht über dem Wasserloch bei Kargow . . 163
Spuk an der Brücke 164
Der Kobold des Kutschers 166
Über Spuk soll man drei Tage nicht reden . . 167

Die wilde Jagd und Fru Goden 168
Der wilde Jäger 170

Die wilde Jagd zieht über das Land 172
Die wilde Jagd in Ludorf 173
Der wilde Jäger und der Beerensammler 174
Nu mütste ok met fräten! 176
Fru Goden und der übermütige Bauer 177
Fru Goden am Kreuzweg 178

Hexensagen 179
Die Hexe von Melz 180
Werwölfe in Sembzin 181
Der Hexerei verdächtigt 182
Die Hexe als Hase 184
Wenn die Hexen tanzen 185
Die Hexe und die Gössel 187
Die Hexe Mareilies' 188
Die Butterhexe 190
Nächtlicher Katzenspuk
in der Hellmühle bei Klocksin 191

Teufelssagen 194
Wie der Erddamm in Vietzen entstand 196
Der Anker in der Linde 198
Der Teufel an der Havelbrücke 200
Teufel, halte dieses Tier 201
Tanz am Karfreitag 202
Der Teufel in der Dambecker Kirche 203
Die Wette 204

ZUM GELEIT

Im südlichen Mecklenburg erstreckt sich eine Kette aus großen Seen, die durch die Elde miteinander verbunden sind. Ausgedehnte Wasserflächen, große Wälder, eine reiche Tier- und Pflanzenwelt und viele Kulturdenkmale prägen die Müritzregion. Die Müritz ist mit einer Fläche von 117 km² der größte Binnensee Deutschlands. Die großen Gewässer der Müritzregion liegen ca. 60 bis 80 m über dem Meeresspiegel, deshalb tragen sie die geographische Bezeichnung „obere Seen“. Neben den großen Seen gibt es unzählige kleinere Gewässer, weshalb das gesamte südöstliche Mecklenburg unter dem Namen „Mecklenburgische Seenplatte“ bekannt geworden ist.

„Das klare Wasser rieselt an schmalen Stellen über Sand und Muscheln. Dahinter verschieden breite dichte grüne Rasen, wellig, mit einzelnen Laubbäumen und weiter hinten ein sandiger Abhang, mit Gras und Wacholder gesprenkelt. Und von diesem Hang aus kann man endlos weitergehen, durch Hallen von glühend roten Stämmen, beschirmt vor dem feurigen 'Himmelsjäger', und nach Harz duftende Luft atmen.“ Diese romantische Beschreibung einer Landschaft im heutigen Müritz-Nationalpark gab 1892 der engli-

sche Reisende Henry Montagu Doughty, der mit seiner Segeljolle die mecklenburgischen Seen erkundete. Vermutlich war er einer der ersten ausländischen Touristen, die sich in diesen Landstrich verliebten. Heute gehört die Müritzregion zu den beliebtesten Urlaubszielen Deutschlands. Die Seen und Kanäle laden zum Wassersport ein. Die Naturliebhaber erfreuen sich besonders an der herbstlichen Kranichrast im Müritz-Nationalpark. Die Radfahrer und Wanderer erkunden auf abwechslungsreichen Fahrradwegen und schattigen Alleen die idyllischen Dörfer mit liebevoll restaurierten Schlössern, Gutshäusern und Dorfkirchen.

Vor ca. 250 000 Jahren schoben sich dicke Eisgletscher über dieses Land. Sie hinterließen in der so genannten Weichseleiszeit Spuren, die das heutige Landschaftsbild prägten. In früheren Zeiten erzählten sich die Menschen sehr phantasievolle Geschichten darüber, wie diese Landschaft entstanden sein könnte. Die Riesen haben die Inseln und Berge aufgeschüttet und große Feldsteine in die Landschaft geworfen. In christlicher Zeit soll der Teufel die Feldsteine genommen haben, um sie auf die Kirchtürme zu werfen. Der Teufel pflügte auch die Bäche, gemeinsam mit seiner Großmutter. Die größten Seen dieser Gegend, die Müritz und der Plauer

See, sind aus sieben kleineren Seen entstanden.
Schon in der Vorzeit wurde die Müritzregion durch nomadisierende Jäger- und Fischerstämme besiedelt, die später sesshaft wurden. Slawische Stämme siedelten sich ungefähr am Ende des 6. Jahrhunderts an. Zahlreiche Orts- und Flurnamen sind slawischen Ursprungs, so auch der Name der Müritz. (morcze = kleines Meer)
Im Mittelalter kamen deutsche Siedler in die Müritzregion. Sie ließen sich in den Orten der Slawen nieder und gründeten auch eigene Siedlungen. In dieser Zeit gab es viele kriegerische Auseinandersetzungen. Die Erinnerungen an frühere Bewohner und historische Ereignisse in der Müritzregion finden sich in zahlreichen Sagen wieder. Erzählt wird von dem slawischen Götzen Raball, dem slawischen Heiligtum Rethra, hartherzigen Raubrittern und den Schrecken der Kriege.
Die Müritzregion ist nicht nur sagenhaft schön, sondern im Vergleich zu anderen Landstrichen auch sehr sagenreich. Das hat seine Ursachen. Sagen entstehen und vergehen im Laufe der Jahrhunderte an jedem Ort der Welt. Dauerhaft erhalten bleiben diese mündlichen Erzählungen aus dem Volksmund erst, wenn sie gesammelt und aufgeschrieben werden. Die

Müritzregion beheimatete zwei der bedeutendsten mecklenburgischen Sagensammler und -publizisten, den Röbeler Kunstmaler Albert Niederhöffer (1828 – 1881) und den bekannten Volkskundler Richard Wossidlo (1859 – 1939), der von 1886 bis zu seinem Tode in Waren lebte und arbeitete. So hat dieser Landstrich gegenüber anderen Gegenden den Vorteil, sagenhaft gut erforscht zu sein. Für das vorliegende Buch wurde eine repräsentative Auswahl aus mehr als 800 Überlieferungen getroffen. Enthalten sind auch Sagen aus dem umfangreichen Nachlass von Richard Wossidlo, der in der Wossidlo-Forschungsstelle für Volkskunde / Europäische Ethnologie der Universität Rostock archiviert und wissenschaftlich bearbeitet wird. Dieser Nachlass ist seit 2015 digitalisiert und für jeden Interessierten unter www.wossidia.de öffentlich zugänglich.

Treten wir nun ein in die mystische Welt der wundersamen und gespenstischen Sagen. Verborgene Schätze und versunkene Glocken, Zwerge und Riesen, Nixen, Teufel und Hexen, Geister und Spukgestalten stehen im Mittelpunkt dieser phantasievollen Erzählungen.

Geheimnisumwobene Landschaft - am Plauer See

Aus der Slawenzeit

Da die Slawen ihre Wohnhäuser aus Holz, Flechtwerk und Lehm erbauten, haben diese die Jahrhunderte nicht überdauert. Als einzige bauliche Hinterlassenschaft aus der Slawenzeit kann man in ganz Mecklenburg Reste von slawischen Burgwällen entdecken. An viele dieser kreisrunden Sandwälle knüpfen sich Sagen. Man glaubte, Riesen hätten die riesigen Wälle aufgeschüttet. Man erzählte sich, dass es an Burgwällen „nicht geheuer" ist und dass die Burgwälle von Zwergen bewohnt werden. Dort sollen Schätze vergraben sein und geheimnisvolle Schimmelreiter sich zeigen. Sagen, die sich an slawische Burgwälle knüpfen, sind in fast allen Kapiteln dieses Buches zu finden.

Über die eigentlichen Heiligtümer im Inneren der Burgwälle weiß man heute wenig. Die Slawen verehrten mehrere Götter, deren hölzerne Statuen vermut-

lich im Inneren der Burgwälle aufbewahrt und verehrt wurden. In vielen Sagen ist von slawischen „goldenen Götzen“ die Rede oder gar davon, dass die Slawen ein „goldenes Kalb“ anbeteten. Da die Slawen, die Mecklenburg besiedelten, keine schriftlichen Zeugnisse hinterließen und es nur ungenaue Schilderungen von Chronisten gibt, die wahrscheinlich nur gehörte Gerüchte wiedergaben, hat sich die slawische Mythologie, anders als die der Germanen oder Kelten, nur bröckchenweise erhalten. Richard Wossidlo hat über Jahrzehnte versucht, durch vergleichende Sagenforschung Reste der slawischen Mythologie in den von ihm gesammelten Sagen nachzuweisen, ein Unterfangen, welches angesichts der „verwirrenden Fülle“ des von ihm gesammelten Materials scheitern musste.

Der weissagende Kriegsgott von Röbel

Im Zuge der Christianisierung wurden häufig christliche Kirchen dort errichtet, wo sich vorchristliche Heiligtümer befanden. Ob sich an der Stelle der Röbeler Marienkirche wirklich ein slawisches Heiligtum befand, konnte nie belegt werden. Die Lage der Marienkirche direkt an der Müritz und die vormalige Existenz eines Klosters in Röbel sind mögliche Indizien dafür, dass dort ein in vorchristlicher Zeit heiliger Ort existiert haben könnte.

Als die Gegend von Röbel noch Rusch und Busch war, befand sich dort tief im Walde in einer Erdspalte die Götzenfigur des Kriegsgottes Raball.

Weil dieser Götze die Zukunft voraussagen konnte, zogen aus weiter Ferne die Menschen heran, um ihn zu verehren und um Rat zu fragen. Alle brachten wertvolle Geschenke und legten sie in die Hände der Priester. Der Götze war so gebaut worden, dass er die Fähigkeit hatte, sich umzudrehen und mit dem Kopf zu nicken. Sollte ein Fragender im Kampfe siegen, so bewegte Raball den Kopf. Sollte das Gegenteil der Fall sein, so kehrte der Heidengott sich um und zeigte den Rücken.

Die Vorhersagen des Götzen trafen fast immer ein. So stieg sein Ansehen, und immer mehr Menschen suchten den Rat des Götzen Raball. Die Priester aber wurden von den vielen Opfergaben reich und vererbten ihre Schätze und ihr Amt auf ihre Kinder. Als die Reichtümer sich ins Ungeheure gemehrt hatten, bauten sie einen herrlichen Tempel und stellten darin das Götzenbild auf. Sie erwarben außerdem für sich und ihre Familien viele Gebäude und Ländereien.

Sobald aber das Christentum Eingang fand, war es mit der Herrlichkeit und den Weissagungen Raballs vorbei. Der Götze wurde abgebrochen und im Fundament der Marienkirche in Röbel vermauert. (1)

Auf reichem Grund - Blick auf die Röbeler Marienkirche

Rethra

Das spannendste Rätsel der mecklenburgischen Geschichte ist die bis heute andauernde Suche nach dem Standort des slawischen Heiligtums Rethra. Auch dieses Buch wird nicht des Rätsels Lösung darbieten können.

Die Existenz von Rethra ist durch die Berichte der Chronisten Thietmar von Merseburg (975 – 1018) und Adam von Bremen (gestorben um 1080) belegt.

Thietmar von Merseburg schreibt um das Jahr 1015:

„Im Redariergau liegt die dreieckige und dreitorige Burg Riedegost, rings umgeben von einem großen, für die Einwohner unverletzlich heiligen Walde. Zwei ihrer Tore sind dem Zutritt aller geöffnet. Das dritte und kleinste Osttor mündet in einen Pfad, der zu einem nahe gelegenen, sehr düsteren See führt. In der Burg befindet sich nur ein kunstfertig errichtetes, hölzernes Heiligtum, das auf einem Fundament aus Hörnern verschiedenartiger Tiere steht. Außen schmücken seine Wände, soviel man sehen kann, verschiedene, prächtig geschnitzte Bilder von Göttern und Göttinnen. Innen aber stehen von Menschenhänden gemachte Götter, jeder mit eingeschnitztem Namen; furchterregend sind sie mit Helm und Panzern bekleidet; der höchste heißt Swarozyc, und alle Heiden achten und verehren ihn besonders. Auch dürfen ihre Feldzeichen nur im Falle eines Krieges, und zwar durch Krieger zu Fuß, von dort weggenommen werden. Für die sorgfältige Wartung dieses Heiligtums haben die Eingeborenen besondere Priester eingesetzt.

Wenn man sich dort zum Opfer für die Götzen oder zur Sühnung ihres Zorns versammelt, dürfen sie sitzen, während alle anderen stehen; geheimnisvoll murmeln sie zusammen, während sie zitternd die Erde aufgraben, um durch Loswurf Gewissheit über fragliche Dinge zu erlangen. Dann bedecken sie die Lose mit grünem Rasen, stecken zwei Lanzenspitzen kreuzweise in die Erde und führen in demütiger Ergebenheit ein Roß darüber, das als das größte unter allen von ihnen für heilig gehalten wird; haben sie zunächst durch Loswurf Antwort erhalten, weissagen sie durch das gleichsame göttliche Tier nochmals. Ergibt sich beide Male das gleiche Vorzeichen, dann setzt man es in die Tat um. Andernfalls lässt das Volk niedergeschlagen davon ab.

Auch bezeugt eine alte, schon mehrfach als falsch erwiesene Kunde, aus dem See steige ein großer Eber mit weißen von

Schaum glänzenden Hauern empor, wälze sich voller Freude schrecklich im Morast und zeige sich vielen, wenn schwere grausame und langwierige innere Kriege bevorstehen.

Jeder Gau dieses Landes hat seinen Tempel und sein besonderes, von den Ungläubigen verehrtes Götzenbild; doch genießt jede Burg einen besonderen Vorrang. Von ihr nehmen sie Abschied, wenn sie in den Krieg ziehen; sie wird geehrt mit gebührenden Geschenken bei der glücklichen Heimkehr; und sorgfältig erforscht man, wie ich berichtet habe, durch die Lose und das Roß, was die Priester den Göttern als genehmes Opfer darbringen müssen. Ihr unsagbarer Zorn aber wird durch Menschen- und Tierblut besänftigt." Fünfzig Jahre später schreibt Adam von Bremen: „Es gibt noch andere Völker der Slawen, die zwischen Elbe und Oder wohnen. Unter ihnen sind die mittleren und mächtigsten die Redarier, deren Stadt Rethra der Sitz des Götzendienstes ist. Dort ist ein Tempel den Dämonen erbaut, deren oberster Redigast ist. Dessen Bild ist von Gold, sein Lager aus Purpur. Die Stadt selbst hat neun Tore, allseitig von einem tiefen See eingeschlossen, eine hölzerne Brücke bietet den Übergang, durch den nur den Opfernden oder den Antwort heischenden der Weg gestattet wird. Ich glaube, dieser Bedeutung wegen, weil die verdammten Seelen derer, die den Götzen dienen, entsprechend neunfach der dazwischen fließende Styx bändigt. Zu diesem Tempel soll von der Stadt Hamburg ein Weg von vier Tagen sein."

Aus den wenigen schriftlichen Quellen, die über die Slawenzeit berichten, ist noch bekannt, dass im Winter 1068/69 der Bischof Burchard von Halberstadt mit einem kleinen, schlagkräftigen Heer einen Rachefeldzug unternimmt und dabei bis in das Gebiet der Redarier vordringt. Er verwüstet das Land und kehrt mit dem heiligen weißen Ross Rethras siegreich zurück. Ob das Heiligtum zerstört wurde, wird in diesem Zusammenhang nicht berichtet.

Über die genaue Lage des Heiligtums schweigen alle Quellen. Es gab im Laufe der letzten Jahrhunderte viele Vermutungen über die Existenz dieses Heiligtums an den unterschiedlichsten Orten, z. B. in Feldberg, Wanzka, Demmin, Gnoien und im Tollense-Lieps-Gebiet.

Nachdem 1786 wegen der gefälschten Prillwitzer Idole der Name Rethra in aller Munde war, wurde das Heiligtum in den mecklenburgischen Sagen erstmals 1848 in der Sammlung von Studemund erwähnt, der jedoch keine Sage, sondern den Bericht des Thietmar von Merseburg wiedergab, allerdings mit dem Zusatz, dass sich Rethra bei Prillwitz befunden habe. In den Sagenbänden von Nieder-

höffer finden sich zwei Rethra-Sagen. Karl Bartsch übernimmt die beiden Niederhöffer-Sagen in seine Sammlung und fügt keine weiteren Sagenbelege über Rethra hinzu.
Richard Wossidlo beschäftigte sich sehr intensiv mit der „Rethra-Frage“, er versuchte, den Standort von Rethra mit Hilfe der Sagenforschung zu finden. Dazu bereiste er alle Rethra-verdächtigen Stätten, um dort Sagen zu sammeln. 1909 veröffentlichte er die Ergebnisse seiner Sammelarbeit in einem Aufsatz „Volkssagen über Rethra“. Erst 50 Jahre später erschien eine weitere Arbeit, verfasst von Paul Beckmann, die sich kritisch mit der Überlieferung von Rethra-Sagen aus Wossidlos Sammlungen befasste. Alle Autoren, die sich später aufgrund archäologischer Forschungen mit der „Rethra-Frage“ befassten, bezogen sich in ihren Schriften stets auch auf die im Tollense-Lieps-Gebiet gesammelten Sagen. Nicht zuletzt in dem Artikel “Archäologische Sagenforschung und sagenhafte Archäologie“ des Volkskundlers Christoph Schmitt, des Leiters der Wossidlo-Forschungsstelle für Volkskunde / Europäische Ethnologie in Rostock, ist dieses Thema ausführlich abgehandelt worden. (2)

Die Stadt Lieps

Ein Schäfer hütete einst seine Schafe am Rande der Stadt. Er stocherte gelangweilt mit seinem Schäferstock im Boden. Plötzlich tat sich eine Quelle auf. Das Wasser sprudelte so reichlich hervor, dass die ganze Stadt Rethra in den Fluten versank. An Johannistagen können die Fischer in der Lieps die Mauern und Türme der versunkenen Stadt sehen. Das Heiligtum der Stadt, in dem ein goldener Götze verehrt wurde, soll sich auf der Fischerinsel befunden haben, die mit einer eichenen Brücke mit dem Festland verbunden war. Die Stadt wurde im Volksmund „Schön Reda“, Schön Reta“ oder „Schön Margareda“ genannt. (3)

Der goldene Slawengott

Nördlich von Penzlin befindet sich der Grapenwerder. Dort stand einst eine slawische Burg, die von Wasser umgeben war. Die Ritter dieser Burg waren den Regenten von Rethra untertan. Rethra, das letzte Heiligtum der Slawen weit und breit, hatte bisher jedem Angriff getrotzt. Auch das Christentum konnte sich hier trotz mehrfacher Missionierungen nicht durchsetzen. Die Bewohner des Grapenwerder und der Stadt Rethra verehrten noch immer ihre alten Götter und feierten ihre alten Riten. Als die Ritter vom Grapenwerder wieder einmal nach Rethra geritten waren, um dort ein Fest zu feiern, verbreitete sich die Kunde, dass die Sachsen in kriegerischer Absicht im Anmarsch waren. Die Bewohner des Grapenwerders ritten in Begleitung einiger Priester aus Rehra schnell heim und nahmen das goldene Standbild des Gottes Radegast mit, um es aus Rethra in Si-

Von Göttern und Riten - im Röbeler Infogarten

cherheit zu bringen. Die Sachsen legten sowohl Rethra als auch die Burg auf dem Grapenwerder in Schutt und Asche und töteten alle Bewohner.

Einige Priester konnten sich jedoch retten und flohen mit dem Radegast-Standbild in Richtung Penzlin. Westlich von Penzlin versenkten sie das goldene Standbild in eine sumpfige Wiese, die Trennelkoppel. Dort liegt der goldene Slawengott noch heute, denn keinem Schatzgräber ist es bisher geglückt, dieses Standbild zu finden. (4)

Ritter und Raubritter

Die Erinnerungen an die ersten deutschen Siedler werden vor allem in zahlreichen Sagen über Ritter und Raubritter lebendig gehalten. Diese Sagen knüpfen sich oft an archäologische Fundstätten, wie Burgwälle oder frühmittelalterliche Turmhügel, aber auch an Burgruinen oder Herrenhäuser. Erzählt wird von kriegerischen Zeiten, in denen die Einwohner der Städte und Dörfer unter den habgierigen und hartherzigen Rittern zu leiden hatten. Bis in die Zeit des 30jährigen Krieges reichen diese Überlieferungen, die in den späteren Berichten über grausame Adlige und Gutsherren ihre Fortsetzung finden.

Die grausamen Raubritter von Ulrichshusen

Im Schloss Ulrichshusen hausten früher die Raubritter. Sie brachten ihre Gefangenen in den Turm, welcher hoch oben eine Luke hatte. Durch diese mussten die Gefangenen ihren Kopf stecken, der ihnen dann abgeschlagen wurde. Noch heute ist am Schlossturm ein roter Blutstreifen zu sehen.

Vom Schloss führt ein unterirdischer Gang zum See. Unter dem See gibt es einen riesigen Saal, der als Zufluchtsort in Notzeiten diente. Dort lagern auch die zusammengeraubten Schätze. Wenn man mit einem Kahn über den See fährt, kann es passieren, dass man plötzlich im unterirdischen Raubrittersaal verschwindet. (8)

Sagenumwoben - das Schloß Ulrichshusen

Der lange Hans von Flotow

Vor vielen Jahren landete auf dem Lenz bei Malchow ein gewaltiger Ritter mit seiner Flotte. Er war weit und breit als „der lange Hans von Flotow“ bekannt. Der Ritter hatte sich nach seiner Flotte benannt, so ist der Name Flotow entstanden. Gewaltsam vertrieb der lange Hans die Bewohner der umliegenden Ortschaften und eroberte die Ländereien der Gegend. Die Plauer Bürger halfen ihm eifrig dabei. Sie erhielten als Dank dafür Ländereien, Wiesen und die Fischereirechte im Plauer See. Den folgenden Vertrag soll der lange Hans von Flotow mit den Plauer Bürgern abgeschlossen haben: „Ik will juch geben de Länderien, de Wiskerien un de Fischerie dorför, dat ji mi hulpen hefft bi miene Röwerie.“ Noch bis in das 19. Jh. hatten die Plauer das Fischereirecht im Plauer See inne. [5]

Die Raubritter im Wienkenkrug

Im heutigen Müritz-Nationalpark gab es mehrere einsam gelegene Einzelhöfe mit angegliederten landwirtschaftlichen Flächen. Heute sind nur noch zwei dieser Einzelhöfe erhalten: der Müritzhof, der heute vom Verein Lebenshilfe e. V. bewirtschaftet wird und der Rehhof bei Schwarzenhof. Der Wienkenkrug ist schon vor 1900 aufgegeben worden.

Im heutigen Müritz-Nationalpark trieben früher Raubritter ihr Unwesen. Mitten im Wald, an der alten Strelitzer Landstraße zwischen Kargow und Klockow, befand sich der Wienkenkrug. Dort hatten die gefährlichen Gesellen sich häuslich niedergelassen. In der Nähe war ein tiefes Wasserloch, das Wiensoll. Die Räuber hatten am Soll eine Klingelschnur gespannt. Wenn jemand die dortige Brücke passierte, klingelte es im Wienkenkrug. Die Raubritter liefen zum Soll, raubten den Reisenden aus und warfen ihn in das Wasserloch. Einst sah ein Postreiter die Schnur und konnte rechtzeitig fliehen. Er verbreitete die Kunde von den Räubern in der gesamten Umgebung. Seitdem wurde die Stelle gemieden. Heute existiert der Wienkenkrug nicht mehr. An der einstigen Stätte des Grauens führt heute die Eisenbahnlinie von Waren nach Neustrelitz vorbei. (7)

Versperrtes Gebiet - Rapsfelder am Wienkenkrug

Der schlaue Ritter Eikholt

In Waren gab es in der Nähe des Judenfriedhofs ein Ackerstück mit dem Namen „Eikholt". Heute führt die Eichholzstraße durch dieses Gebiet. Vor vielen Jahrhunderten gehörte dieses Land einem Ritter Eikholt, der auf dem Burgwall in der Feisneck wohnte. Die Stadt Waren wollte dieses Ackerstück kaufen, aber der Ritter Eikholt gab es nicht her. Lange Jahre wurde verhandelt, die Bürger der Stadt bettelten und drängten. Schließlich machte der Ritter den folgenden Vorschlag: „Eine Saat will ich noch säen. Wenn die reif ist, dann sollt ihr den Acker haben." Die Warener wähnten sich am Ziel ihrer Wünsche und willigten ein. Da säte der Ritter Eicheln. Es dauerte lange Jahre, bis aus den Eicheln große Eichenbäume heranwuchsen. Erst, als diese Bäume Eicheln trugen, durften die Warener diesen Acker in Besitz nehmen. (6)

Henning Bradenkirl in Ankershagen

In Ankershagen lebte einst in einer Burg der gefürchtete Raubritter Henning von Holstein. Er plünderte und raubte, wo er nur konnte, und hatte es besonders auf Reisende abgesehen, die seine Gegend kreuzten. Zu seinem Verdruss gab ein in der Nähe wohnender Herzog vielen Reisenden einen Geleitschutz, damit sie diese gefährliche Gegend sicher passieren konnten. Der Raubritter Henning von Holstein trachtete nun danach, diesem Treiben, welches seine Beute erheblich schmälerte, ein Ende zu setzen. Er griff zu einer List: Er bat den Herzog ganz freundlich um die Ehre seines Besuches. Nichts böses ahnend nahm der Herzog die Einladung an und setzte den Tag seines Besuches fest.

Am Abend vorher besprach Henning mit seinen Kumpanen den Empfang des Herzogs. Ein Kuhhirte, der damit beauftragt war, im Nebenzimmer den Kamin zu hei-

zen, hörte dieses Gespräch und merkte entsetzt, dass der Tod des edlen Herzogs beschlossen wurde.
Am frühen Morgen des nächsten Tages schlich der Kuhhirte beherzt zum Warensberg. Dort wartete er, im dichten Unterholz verborgen, auf die Ankunft des Herzogs. Er empfing ihn mit folgenden Worten: „Edler Herr, kehrt um, wenn Euch Euer Leben lieb ist! Mein Herr Henning trachtet Euch nach dem Leben! Wenn Ihr in sein Schloss kommt, sollt Ihr durch eine Falltür in das Burgverlies gestoßen werden und nie wieder das Licht der Sonne erblicken!“ Der Herzog dankte und ritt schleunigst mit seinem Gefolge heim.

Stunden um Stunden wartete Henning unterdessen auf den Herzog. Als dieser ausblieb, merkte der Raubritter, dass der Kuhhirte seinen Plan verraten haben musste. Sofort ließ er den Hirten zu sich kommen und verhörte ihn. Zitternd vor Angst gestand der Kuhhirte seine Tat, daraufhin schleuderte Henning ihn wutentbrannt in die helle Glut des Kamins. Als der Hirte sich in Todesqualen wand und um Gnade flehte, stieß Henning ihn mit dem linken Fuß noch tiefer in den Kamin, so dass der Kuhhirte verbrannte. Fortan wurde der grausame Raubritter nur noch Henning Bradenkirl genannt. Bald darauf zog der Herzog mit einem Regiment Soldaten vor die Burg und belagerte sie. Als Henning merkte, dass er nicht entkommen konnte, packte er alle Schätze, die er im Laufe der Zeit zusammengeraubt hatte, in eine Truhe und vergrub sie dicht neben einem runden Turm in seinem Garten. Dann nahm er sich das Leben.

Auf dem Kirchhof in Ankershagen wurde Henning begraben. Er fand jedoch in der geweihten Erde keine Ruhe. Sein linkes Bein, das mit einem schwarzen Seidenstrumpf bekleidet war, wuchs aus dem Grab heraus. Sowohl der Küster Prange als auch der Totengräber Wöllert beschworen, dass sie als Kinder das Bein abgeschnitten hatten, um damit Birnen von den Bäumen abschlagen zu können. Das Bein ist immer wieder nachgewachsen, bis es jemand im Altar der Dorfkirche eingemauert hat.

An der Rückseite des Schlosses befindet sich ein Ziegelrelief mit dem Brustbild eines Mannes. Keine Farbe bleibt auf diesem Bild haften, deshalb lässt es sich nicht übertünchen. Man sagt, dass es das Bildnis von Henning Bradenkirl sei, was mit dem Blut des Kuhhirten behaftet ist. Auch der Ort des Schreckens, der Kamin, blieb noch lange Jahre sichtbar, obwohl er längst vermauert wurde. Immer wieder traten die Fugen dieses Kamins im Mauerwerk deutlich hervor und mahnten, damit diese grausame Tat niemals in Vergessenheit gerät. (9)

Wie der Plötzensee entstand

Südlich von Plau befindet sich zwischen dem Plauer See und der Plötzenhöhe ein kleiner idyllischer See, der Plötzensee. Vor vielen, vielen Jahren befand sich an der Stelle, wo jetzt die Wasserfläche des kleinen Sees in der Sonne schimmert, ein prächtiges Schloss, welches dem reichen Burggrafen Plötz gehörte. Dieser war ein in der ganzen Gegend gefürchteter gottloser Raubritter, der vor keinem Frevel zurückschreckte. Auch seine Bediensteten waren wildverwegen und so kam es, dass das Schloss von allen Leuten in der Umgebung gemieden wurde.

Als der Burgherr eines Tages nach dem Mittagessen im Garten unter einer Eiche en Nickerchen halten wollte, sah er einen Greis mit einem langen weißen Bart auf sich zukommen. Dieser stellte sich vor den Raubritter, sah ihm fest in die Augen und begann zu reden: „Ich komme im Namen des Herrn, den du verachtest, um dich zu warnen. Lass ab von deinem Treiben, denn sonst wird es dir schlecht ergehen!“ Der Raubritter wurde zornig und rief: „Scher dich zum Teufel, sonst hetze ich meine Hunde auf dich!“ Der Greis entgegnete: „Ich gehe ja schon, aber eins möchte ich dir noch sagen. Wenn du dich in den nächsten hundert Tagen nicht zu Gott bekennst, dann wirst du samt deinem Schlosse vom Erdboden verschwinden.“ Dann ging der Greis fort, vom Burgherrn verlacht.

Der Raubritter aber dachte nicht daran, seinen Lebenswandel zu ändern. Im Gegenteil, er trieb es sogar toller. Nach hundert Tagen kam der Greis tatsächlich wieder, gerade als der Raubritter von einem seiner Beutezüge heimkehrte. „Du hast die Frist, die dir von Gott zur Besserung gesetzt wurde, ungenutzt verstreichen lassen. Nun wirst du nur noch wenige Stunden zu leben haben.“ Voller Zorn über die dreiste Rede des Greises hob der Ritter die Reitpeitsche und schlug ihm damit über das Haupt. Tief betrübt wandte sich der Greis von dem grausamen Raubritter ab und verschwand im Walde.

Bald darauf verfinsterte sich der Himmel

und ein schweres Gewitter zog herauf. In das Getöse des Donners mischte sich ein tiefes Grollen, welches aus der Erde drang und immer stärker wurde. Schließlich erbebte die Erde und das schöne Schloss des Raubritters sank in Schutt und Asche. Kurze Zeit später öffnete sich die Erde und die Trümmer des Schlosses versanken mit Mann und Maus in der Tiefe. Bis hin zum Plauer See war die Erde aufgerissen, und so strömte das Wasser des Sees durch tiefe Rinnen und Spalten bis zur Stätte des Grauens. Dort bildete sich ein neuer See, dessen Wellen die Trümmer für immer bedecken. Nur noch der Name Plötzensee erinnert an die grausigen Ereignisse, die sich an dieser Stelle abspielten. Der See soll in der Mitte grundlos sein. Die Fischer haben manchmal große Mühe, ihren Fang aus dem See zu bergen, denn unbewegliche Hindernisse zerreißen die Netze. „Dat sünd de ollen Boomstämm' ut den Sloßgoren", sagen alte Fischer. (10)

Ritter Hennecke von Morin

Unweit von Röbel liegt an der Müritz das ehemalige Rittergut Ludorf. Dort lebte einst der Ritter Hennecke von Morin, der seines wilden und sündhaften Lebens wegen berüchtigt war. Er lebte in Saus und Braus und verprasste sein Geld, so dass er sich verschuldete und schließlich sein Gut verpfänden musste.

Eines Tages erschien auf dem Hof ein schwarzer, vermummter Reiter. Er ritt ein feuriges Pferd mit rabenschwarz glänzendem Fell und langen, starken Mähnen. Ritter Hennecke war ein begeisterter Pferdefreund, er fand sofort Gefallen an dem Tier und befahl seinem Reitknecht, es vorzureiten. Doch das Pferd bäumte sich auf und warf den Reiter ab. Der Ritter wurde zornig, schlug den Reitknecht mit der Peitsche und ließ seinen Kutscher holen. Aber auch diesem gelang es nicht, das wilde Pferd zu reiten. Schließlich versuchte es der Ritter selbst und siehe da - das Pferd ging unter ihm ganz ruhig. Der Fremde hatte die Reitversuche satanisch lächelnd beobachtet. Nachdem Ritter Hennecke ein paar Meilen weit über die Ludorfer Feldmark geritten war, wollte er das schöne Tier unbedingt behalten. Er fragte den Fremden nach dem Preis und dieser machte ihm ein überraschendes Angebot. Ritter Hennecke sollte ihm die Glocken der alten achteckigen Ludorfer Kirche geben und dafür das Pferd behalten. Der gottlose Ritter überlegte nicht lange. Die Gottesdienste hatte er schon vor langer Zeit abgeschafft und der Kirchturm war schon seit langem eingestürzt, also konnte er die Glocken getrost hergeben. Hennecke willigte ein und sie besiegelten den Handel in drei Teufels Namen. Die Glocken wurden aus dem Schutt der Kirche hervorgesucht und der teuflische Fremde zog schließlich hoch befriedigt von dannen.

Seitdem wollte dem Ritter nichts mehr glücken. Alle Unternehmungen misslangen und der Schuldenberg wuchs zusehends. Schließlich musste Hennecke sein Gut räumen. Er zog nach Röbel, wo er schon nach wenigen Tagen von der Pest dahingerafft wurde. In dem Moment, als Hennecke seinen letzten Atemzug tat, riss sich das schwarze Pferd in seinem Stall los, preschte mit donnernden Hufen durch die nächtlichen Straßen von Röbel und machte unter dem Fenster seines Herrn halt. Dort wieherte es dreimal so laut, dass alle Röbeler es hörten. Hennecke richtete sich von seinem Totenbett auf, bestieg das unheimliche Pferd und ritt in Windeseile aus der Stadt. Im Ludorfer Teufelsmoor sollen Ross und Reiter auf Nimmerwiedersehen versunken sein. (11)

Historische Ereignisse

In den folgenden Sagen finden sich Erinnerungen an historische Begebenheiten oder Personen. Die Ereignisse, die an dieser Stelle geschildert werden, könnten vielleicht so oder ähnlich passiert sein, sie sind jedoch nicht belegt. Historische Sagen enthalten in der Regel mehr phantastische Elemente als historisch wertvolle Aussagen. Dennoch geben sie einen interessanten Einblick in das Leben vergangener Zeiten.

Das versteckte Dorf Zachlin

In Mecklenburg gebt es sehr viele Dörfer, die im Dreißigjährigen Krieg zerstört wurden oder aufgegeben werden mussten. Auch durch Hungersnot und Pest verwaisten ganze Landstriche. Die folgende Sage erinnert an eines dieser „wüsten Dörfer".

Dicht am Plauer See, an dem Weg, der vom See nach Ganzlin führt, hat vor dem Dreißigjährigen Krieg ein blühendes Dorf gestanden, Zachlin mit Namen. Tief versteckt in Tannen und Erlengebüsch blieb es lange unentdeckt und wurde so vom grausigen Krieg verschont. Die angsterfüllten Einwohner taten aber auch alles, um verborgen und unentdeckt zu bleiben. So beschlossen sie, dass alle Tiere im Dorf getötet werden sollten, damit der Feind nicht durch ihr Schreien und Lärmen herangelockt wird.

Ein Bauer, der einen ganz wunderhübschen Hahn hatte, wollte diesen nicht hergeben. Er handelte gegen den Gemeindebeschluss, indem er den Hahn auf dem Heuboden versteckte, wo er ihn reichlich mit Futter versorgte. Eine Zeitlang ging alles gut. Als jedoch der Bauer eines Tages das Füttern vergaß, begann der Hahn ein lautes Gekrähe, welches weithin durch die Wälder schallte.

Unglücklicherweise lagerten in der Nähe feindliche Truppen, die das Krähen hörten. Sie gingen dem Lärm nach und fanden das Dorf, plünderten es, töteten seine Bewohner und legten es in Schutt und Asche. (12)

Die Dambeker Glocke

Eine ähnliche Sage wird über die Glocken der versunkenen Stadt Rethra in Prillwitz am Tollensesee erzählt. Richard Wossidlo definierte hier eine „Sagenscheide": Westlich von Möllenhagen erzählte man die Dambeck-Sage und östlich von Möllenhagen die Rethra-Sage.

Die uralte Kirche in Dambeck ist jetzt verfallen. Sie hat, der Sage nach, schon vor der Sintflut existiert. Der Kirchturm mit den drei Glocken ist jedoch im See versunken. An jedem Johannistag in der Mittagstunde steigen die Glocken an die Oberfläche des Sees. Einst hatten einige Kinder ihren Eltern das Mittagessen auf das Feld gebracht. Als sie zurückgingen, setzten sie sich an das Ufer des Sees und wuschen ihre Tücher aus. Ein kleines Mädchen legte sein Tuch zum Trocknen auf eine Glocke. Nach

einer Weile sanken zwei Glocken langsam wieder in den See hinab. Die dritte aber, die mit dem Tuch bedeckt war, konnte sich nicht mehr von der Stelle rühren. Da rannten die Kinder schnell zurück in die Stadt und erzählten, was sie gesehen hatten.
Ganz Röbel lief an den See, um das Wunder mit eigenen Augen zu sehen.
Die reichsten Bürger der Stadt wollten die Glocke für sich haben. Sie spannten immer mehr Pferde an, um die Glocke aus dem See zu ziehen. Sie zogen und zogen, aber die Glocke rührte sich nicht von der Stelle. Selbst mit sechzehn Pferden war sie nicht fortzubewegen. Da kam ein armer Mann mit seinem Ochsenkarren des Wegs und bot seine Hilfe an. Er wunde ausgelacht, aber schließlich spannte er seine beiden Ochsen an und sagte:

"Nu met God för arm un rike
All to glike!"

Ohne alle Mühe zog er die Glocke aus dem See und fuhr sie nach Röbel. Dort fand sie ihren Platz in der Neustädter Kirche. Immer, wenn ein Armer stirbt, dessen Hinterbliebene das Geläut mit den anderen Glocken nicht bezahlen können, wird die Dambecker Glocke geläutet. Dann schallt es weithin durch die Stadt: „Dambeck, Dambeck!" (13)

Der Rattenfänger von Krümmel

Nicht nur in Hameln gab es einen Rattenfänger. Die Rattenfänger-Sage gehört zu den so genannten „Wandersagen“ und wurde in vielen Varianten in ganz Deutschland erzählt.

Eines Tages kam ein Mann nach Krümmel, der alle Ratten vertreiben wollte. Der Gutsherr bot ihm dafür viel Geld an. Der Rattenfänger ging an die Arbeit und verzauberte die Ratten so, dass sie alle in den See liefen und ertranken. Danach bat der Rattenfänger den Gutsherrn um die vereinbarte Summe. Doch der Gutsherr dachte nicht daran, das Geld zu zahlen, er lachte den Rattenfänger aus. Verärgert sagte dieser: „Ich will in Krümmel ein Zeichen setzen, was ewig in Erinnerung bleiben wird!” Dann spielte der Rattenfänger auf seiner Flöte eine wunderschöne Melodie, woraufhin alle Kinder des Dorfes zusammenliefen. Schließlich verschwand der Rattenfänger, und mit ihm verschwanden auch die Kinder. (15)

Die Heilquelle am Minzower Weg

Die folgende Geschichte erinnert an die vielen Heilquellen und Brunnen, die es einst in der Umgebung von Röbel gab. Die Heilkraft dieser Quellen war allerdings in Fachkreisen sehr umstritten. Der Warener Arzt Friedrich Petermann berichtete 1802 über den Röbeler Gesundbrunnen folgendes: „Ich will keineswegs der Behauptung widersprechen, daß sich mancher durch dieses Wasser geheilt glaubt, allein davon bin ich völlig überzeugt, daß der Grund der Heilung nicht in der heilsamen Kraft des Wassers, sondern in der Ekelkur zu suchen ist, die diese Patienten dadurch bei sich veranstalten, daß sie das Wasser, wenn es auch schon längst verdorben war, in den nüchternen Magen hineinschütteten."

An der Straße von Röbel nach Minzow sprudelte vor langer Zeit eine Heilquelle. Die Leute kamen von überall her, um ihr Wasser zu trinken und so Genesung zu finden. Manchen Leuten aber war diese Quelle ein Dorn im Auge, denn sie überschwemmte zuweilen die Wege und Äcker. Man versuchte, sie mit Steinen, Sand oder Buschwerk zu verschütten, aber die Quelle sprudelte immer wieder hervor. Eines Nachts entweihte ein Bösewicht den Brunnen, woraufhin er sofort versiegte. [14]

Der Galgenberg bei Melz

Zwischen Melz und Friedrichshof gibt es einen kleinen Berg, auf dessen Gipfel eine Tanne steht. Von diesem Berg und der Tanne berichtet die Sage folgendes:
Vor vielen Jahren wurde ein Mädchen aus dieser Gegend des Kindesmordes angeklagt und zum Tode verurteilt. Bis zuletzt beteuerte sie immer wieder ihre Unschuld. Aber es half alles nichts, sie wurde zum Galgenberg abgeführt. Vor ihrem Tode sagte sie: „So wahr ich unschuldig bin, so wahr wird die verdorrte Tanne auf dem Berg nach meinem Tode wieder grünen.“ Und so geschah es, die grüne Tanne kündete von der Unschuld des Mädchens. Die Leute gingen früher nur sehr ungern an diesem Berg vorbei, denn dort spukten allerlei geisterhafte Gestalten umher. (16)

Der rettende Hahnenschrei

In Nossentin wohnte ein Herr von Nossentin, der viele Güter hatte. Eines Tages geriet er in einen Kampf, den er verlor. Seine Gegner banden ihm die Augen zu. Sie befahlen ihm, mit verbundenen Augen umherzulaufen. Das Land, über welches er ging, sollte in Zukunft seinen Gegnern gehören. Völlig orientierungslos tappte er durch die Gegend, doch plötzlich hörte er einen Hahn krähen. Er dachte sich, dass der Hahnenschrei nur aus Nossentin kommen konnte. Schnell schlug er eine andere Richtung ein und konnte so das Dorf Nossentin als Eigentum behalten. (17)

Die rettende Glocke

Früher wurde jeden Abend zwischen dreiviertel neun und neun die Glocke der Georgenkirche in Waren geläutet. Als Veranlassung gibt der Volksmund folgendes an:
Ein Herr von Behr auf Torgelow wollte nach einer Besuchsreise nach Hause reiten. Da kam ein grässliches Schneetreiben auf und er verfehlte bald Weg und Steg. Stundenlang ritt er kreuz und quer durch die Gegend und wusste bald nicht mehr, wo er sich befand. Da hörte er es in der Nähe neun schlagen und erkannte am Klang die Glocken der Georgenkirche in Waren. Nun wusste er wieder, wo er sich befand.
Zum Andenken und auch für andere Reisende stiftete er das Läuten zu dieser Stunde. In jedem Jahr bekamen die Nachtwächter, welche das Läuten zu besorgen hatten, von Torgelow zehn Taler. (18)

Herrin über Häuser und Gassen - die Georgenkirche

Soli Deo Gloria

Die Stadt Waren wurde im Laufe der Jahrhunderte von vielen Stadtbränden heimgesucht. Am 29. 6. 1671 traf es die Stadt besonders hart. Es brannten über 400 Feuerstellen innerhalb einer Stunde ab. Auch die Schule, das Rathaus, die Stadttore und die Kirchen wurden nicht verschont. Inmitten des verheerenden Brandes geschah ein kleines Wunder. An der Turmuhr der Georgenkirche verbrannten zwar die Zeiger und das Ziffernblatt, doch die Inschrift „Soli Deo Gloria" (Gott allein die Ehre) blieb unversehrt. Sie erstrahlte nach dem Brand sogar schöner als je zuvor.

Als die Stadt wieder aufgebaut wurde, setzten viele Warener die Worte „Soli Deo Gloria" an die Hausgiebel oder über die Eingänge ihrer Häuser. Sie erhofften sich durch diese Inschrift einen dauerhaften Schutz vor dem Feuer. (19)

Seen, Fische und Wassergeister

In der Müritzregion hatten die Menschen schon immer nahe am Wasser gebaut. Die Stadt Waren wurde zwischen vier Seen errichtet, die in alle Himmelsrichtungen Schutz vor Angriffen boten. Röbel entstand an einer Bucht der Müritz. Die Penzliner siedelten sich am Großen Stadtsee im Süden und heute verlandeten Seen und Sümpfen im Norden an. Plau hat eine verkehrsgünstige Lage am Ausfluss der Elde aus dem Plauer See und die Malchower wohnen sogar auf einer Insel. Die Fischerei gehörte zu den wichtigsten Erwerbsquellen in diesem wasserreichen Gebiet. Da die Landwege oft in einem wenig einladenden Zustand waren und die Chausseen erst ab 1848 entstanden, nutzte man die Seen auch als Verkehrswege. So war das Wasser einerseits lebensnotwendig, konnte aber andererseits ganz schön gefährlich werden. Besonders die Müritz und der Plauer See gelten noch heute als unberechenbare Gewässer. Wenn ein Unwetter über diese großen Seen heraufzieht, kann es sehr schnell geschehen, dass meterhohe

Wellen die Wassersportler in Angst und Schrecken versetzen.

Die unüberschaubaren Wasserflächen regten zu allen Zeiten die Phantasie der Menschen an. Man erzählte sich Geschichten darüber, was in der unergründlichen Tiefe der Seen verborgen sein könnte. Da selbst die Fischer nicht schwimmen konnten und auch das Sporttauchen noch nicht in Mode gekommen war, wusste man wirklich wenig über die Beschaffenheit des Seegrundes oder über die Pflanzen- und Tierwelt unter Wasser. Daher ist es verständlich, dass die Germanen versuchten, die Wassergeister durch Opfergaben zu besänftigen.

Die Sagen dieser Gegend handeln von Nixen und Wassergeistern, seltsamen Fischen mit Zauberkräften und riesigen Schätzen unter Wasser.

Die Bernsteinnixe in der Müritz

In alter, grauer Vorzeit war die Müritz noch nicht das große Gewässer, was wir heute vor Augen haben. Statt des einen großen Sees gab es sieben Seen, die von einem heiligen Fichtenwald umgeben waren. Eines Tages kamen Siedler aus fernen Gegenden und begannen, die heiligen Bäume zu fällen. Ein Baum nach dem anderen stürzte donnernd zu Boden. Das Harz quoll aus dem Holz hervor und blieb an den Stämmen haften. Als der größte Baum gefällt wurde, erhob sich ein Brausen und Rauschen. Überall in den sieben Seen sprangen Quellen auf, das Wasser trat über die Ufer und begrub das Land der Umgebung unter sich. Allmählich bildete sich ein großer See, auf dessen Grund die mächtigen Fichtenstämme ruhten. Unter dem Wasser versteinerte das Harz der Bäume und wurde allmählich zu Bernstein. Die Nixen, die den See bevölkerten, staunten nicht schlecht, als sie die goldgelb glitzernden Bernsteine entdeckten! Eines Tages fand eine Nixe den größten Bernstein, den man sich vorstellen kann. Eilig schwamm sie mit ihm zur tiefsten Stelle der Müritz, um diesen Schatz vor den habgierigen Blicken der Menschen zu schützen. Sie bewachte ihn bei Tag und bei Nacht. Da beschlossen die anderen Nixen, ihr aus Bernstein ein durchsichtiges Schloss zu bauen, in dem sie ihren Schatz hüten konnte. Aus allen Buchten und Tiefen des Sees schleppten sie die Bernsteinstücke herbei und fügten sie in langer und mühsamer Arbeit zu einem herrlich leuchtenden Palast zusammen. Dort bewacht die Nixe noch heute den größten Bernstein der Welt. Nähert sich aber ein Boot zufällig diesem Bernsteinschloss, so wird es von der Nixe so verzaubert, dass es sich weder vorwärts noch rückwärts bewegen kann. Stundenlang hält sie die verängstigten Insassen des Bootes fest, damit sie in Zukunft diese verfängliche Stelle meiden. Nähert sich gar jemand in böser Absicht dem Bernsteinschloss, so wird er von den Wellen der Müritz verschlungen.

Wenn die Kinder in der Müritz Bernsteinstücke fanden, dann sagten die Leute: „Dat hett de Storm von‘t Sloß afbröckelt!“ (20)

Zauberhafter Blick - Bootshäuser am Röbeler Müritzufer

Der Bernsteinfelsen

In der Nähe von Röbel ragt eine weithin sichtbare Halbinsel in die Müritz hinein, das Steinhorn. Dort soll sich unter dem Wasser ein riesiger Bernsteinfelsen befinden, der wie Gold und Silber leuchtet. Nur am Johannistag in der Mittagsstunde zeigt er sich den Blicken der Menschen. Doch jeder Versuch, den Bernstein an Land zu bringen, scheitert. Einst wollte ein Fischer den Bernstein mit einer Kette in sein Boot heben. Dabei wurde er in die Tiefe gerissen und ertrank. (21)

Leuchtendes Kleinod - Eiszeit an der Binnenmüritz

Der Fischkönig

In der Müritz gab es einen König, der alle Fische des Sees regierte. Da er viele Kämpfe überstehen musste, hatte der Fischkönig nur noch ein Auge. Deshalb wurde er „Eenög'ter" genannt.

Eines Tages legten die Fischer in der Nähe von Kamerun ihre Netze aus. Es war Winter und man hatte ein Loch in das dicke Eis geschlagen, um fischen zu können. Als die Dämmerung hereinbrach und die Fischer mit ihrem Fang über die vereiste Müritz nach Waren gingen, merkte einer, dass er seine Handschuhe vergessen hatte. Eilig lief er zurück zum Eisloch, um sie zu holen. Als er dort angekommen war, hörte er in der Tiefe des Sees Stimmen. Der einäugige Fischkönig sagte zu seinen Untertanen: „Hüüt sünd se hier wäst, morgen kamen se nich wedder her, folgt den Eenög'ten nah."
Dem Fischer wurde es unheimlich, denn

noch nie hatte er Fische sprechen hören. Schnell ging er zurück nach Waren und erzählte den anderen, was er erlebt hatte. Alle lachten ihn aus, nur der älteste Fischer hörte nachdenklich zu. Schließlich sagte er: „Man kann nie wissen. Lasst uns morgen denselben Fischzug wieder tun.“ Sie taten es und merkten, dass der Fischer Recht hatte. Die Fische waren tatsächlich den Anweisungen des einäugigen Fischkönigs gefolgt und an der Stelle geblieben, wo sie am Abend belauscht worden waren. Noch nie hatten die Fischer einen so reichlichen Fang, wie an diesem Tag. Vier Wochen lang hing das große Netz mit all den Fischen und ihrem König im See. Aus der ganzen Umgebung kamen die Leute nach Waren, um Fische zu kaufen. (22)

Der gottlose Fischer von Waren

In Waren lebte einst ein böser und habgieriger Fischer. Er hatte eine bucklige und hässliche Frau geheiratet, die sehr reich war. Schon vor der Hochzeit musste sie ihm ihr Geld überschreiben. Seitdem ließ der Fischer nichts unversucht, um seine hässliche Frau wieder loszuwerden, damit er sich ungehindert an ihrem Reichtum erfreuen konnte. Er behandelte sie sehr schlecht und prügelte sie alle Tage. Dabei hoffte er, dass sie schnell sterben möge. Wo er ging und stand, sang der Fischer ein gemeines und lästerliches Lied:

„Ein Kreuz, ein Leid,
ein bucklig Weib
Hat mir der Herr gegeben.
Nimm‘s Kreuz von mir,
nimm‘s Weib zu Dir
Dann kann ich ruhig leben.“

Als er eines Tages auf die Müritz hinausfuhr, um zu fischen, stimmte er wieder dieses Lied an. Da erhob sich ein Sturm, der immer stärker über die Müritz brauste. Dem Fischer wurde angst und bange. Schließlich erfasste ein Wirbelwind sein Fischerboot und brachte es zum Kentern. Der Fischer konnte sich nicht retten und ertrank.

Von nun an lebte die Frau des Fischers in Ruhe und Frieden, ohne jemals wieder gequält zu werden. [23]

Das gefährliche Feisneckwasser

An der Feisneck gingen einst zwei alte Leute mit einem kleinen Jungen spazieren. Auf einmal hörten sie eine unheimliche Stimme, die aus dem Wasser schallte und sprach: „De Jung sall hüt in Feisneckwater verdrinken!“ Erschreckt nahmen die Alten den Jungen an die Hand und passten auf, dass er nicht in die Nähe des Wassers kam. Alles ging gut und am Abend hatten sie die unheimliche Prophezeiung vergessen. Sie gingen unbesorgt nach Hause und nahmen noch eine Flasche Feisneckwasser mit. Nachts bekam der Junge Durst und trank aus der Flasche. Sofort fiel er tot um. So hat die Feisneck den Jungen doch noch bekommen. (24)

Unwirklich - Winterlandschaft an der Feisneck

Der fremde Fahrgast

Auf den Seen in der Umgebung von Waren kann man vieles erleben. Einst warfen die alten Fischer auf dem Tiefwarensee ihre Netze aus. Als sie gerade am Schwalbenberg fischten, stand ein Mann dort und sagte: „Nähmt mi ‚n bäten mit roewer!“ Das taten die Fischer gern. Er stieg in den Kahn und sie setzten zur Fischerbucht über. Sie legten dort an, der Mann stieg aus und ward nie wieder gesehen. Als die Fischer ihre Netze leeren wollten, fanden sie dort statt der gefangenen Fische nur „Pierdschiet“ vor, also ganz gewöhnliche Pferdeäpfel. Sie ärgerten sich sehr, denn die Ausbeute eines ganzen Tages war verloren gegangen. Wütend schütteten sie den Pferdemist in den See. Als sie am nächsten Morgen die Netze für den neuen Fang bereitmachen wollten, staunten sie nicht schlecht. In den Maschen der Netze hatten sich einige Goldstücke verfangen. Der „Pierdschiet“ verwandelte sich in Gold. So wollte der geheimnisvolle Fahrgast die Fischer für die Überfahrt belohnen. (25)

Goldener Schein - Farbenspiel am Plauer See

Schiffer Karls und die drei Damen

Schiffer Karls aus Neustadt hatte am Alt-Schweriner Werder geankert. Sein Boot lag in der Nähe des hohen Sandberges. Als er abends in seiner Kajüte saß, schwebten drei hübsche, hell gekleidete Damen über das Wasser auf sein Boot zu. Sie riefen: „Karls! Kumm mit uns nah den Barg!“ Ihm grauste, also schloss er sich schnell in seiner Kajüte ein. Bevor er zu Bett ging, lugte er noch einmal aus dem Kajütenfenster. Er sah, wie die Damen sich traurig die Augen wischten und sich in Luft auflösten. Am nächsten Abend ankerte der Schiffer noch immer an derselben Stelle. Er wollte sich gerade schlafen legen, da kamen die drei Damen wieder angeschwebt. „Karls, kumm rut! Help uns, du kannst uns erlösen!“ – „Nee“, sagte er, „Ik will dat nich!“ Sie baten und bettelten: „Di sall nix geschehn!“ Dem Schiffer grauste es wieder und schnell verschwand er in seiner Kajüte und machte die Luke fest zu. Da fin-

gen die Damen laut an zu weinen und verschwanden.
Schiffer Karls hatte bisher über seine unheimliche Begegnung geschwiegen. Jetzt aber war guter Rat teuer, also suchte er einen Pastor auf, einen alten, ehrwürdigen Mann. Dieser riet ihm, den Wunsch der Damen nicht zu erfüllen.
Am dritten Tag kamen die Damen wieder. Sie baten und bettelten. Der Schiffer solle sie erlösen, es würde ihm von Nutzen sein und der ganzen Umgebung auch. Fast ließ er sich erweichen, aber dann dachte er an den Rat des alten Pastors und verschwand schnell wieder in seiner Kajüte. Von dort beobachtete er, dass die Damen auf einmal ganz schwarz aussahen. Traurig fassten sie sich an den Händen und küssten sich. Bevor sie verschwanden, sagten sie, dass erst in tausend Jahren wieder einer geboren werde, der sie erlösen könne.
Schiffer Karls hat noch lange Jahre in Neustadt gelebt und diese Geschichte oft erzählt. (26)

Den Fischern entwischt

Die Fischer hatten einst im Fleesensee einen großen Hecht gefangen. Als sie ihren Fang ins Boot zogen, stellten sie mit großem Schrecken fest, dass der Hecht immer größer wurde. Das Boot schaukelte dabei so sehr, dass die Fischer sich grausten. Schließlich machte der Hecht einen gewaltigen Satz und landete wieder im Fleesensee. (28)

Geheimnisvoll - Morgennebel am Eldekanal

Der Fisch mit der Glocke

Früher gab es im Fleesensee in der Nähe von Göhren eine kleine Insel. Darauf stand neben einer großen Eiche ein Glockenturm. Die Insel ist ganz plötzlich im See versunken und mit ihr der Turm.

Die Fischer in Göhren glaubten fest daran, dass es einen Fisch gibt, der ab und an mit der Glocke aus dem versunkenen Turm an die Oberfläche des Sees schwimmt. Dort beginnt die Glocke dann zu läuten. Wenn die Fischer den weithin schallenden Ton hörten, dann trauten sie sich nicht, zum Fischen auf den See zu fahren. Denn man glaubte, dass die Glocke ein unheilvolles Ereignis ankündigt, ein Unglück oder einen Todesfall in der Familie. (27)

Der Hund im Schwarzer See

Als die Fischer auf dem Schwarzer See einst ihre Netze heraufholen wollten, erschien ihnen ein großer schwarzer Hund. Bald war er an einem Kahn zu sehen, bald am anderen. Die Fischer wollten sich zurufen, wie weit sie sind mit dem Herausnehmen der Netze, denn in der Dunkelheit konnten sie sich nicht anders verständigen. Dann ist den angerufenen Fischern der Hund erschienen. Mit weit aufgerissenem Maul setzte er seine Vorderfüße auf den Kahnboden. Die Fischer waren so erschreckt, dass sie auf den Zuruf nicht antworten konnten. Dadurch ging der ganze Fischzug verloren. (29)

Die schwedische Kriegskasse

In der Müritz soll eine schwedische Kriegskasse liegen. Die Schweden kämpften in dieser Gegend mit den Franzosen. Sie bauten sich Flöße. Da sie nicht genug Holz hatten, mussten die Warener ihr ganzes Holz hergeben. Es wurden sogar Scheunentore ausgehakt und Wagenschläge abmontiert, um Flöße bauen zu können. Die Schweden sind dann von Ecktannen bis nach Klink mit den Flößen übergesetzt. In der Nähe von Klink begann die Schlacht gegen die Franzosen, dabei haben die Schweden ihre Kriegskasse verloren. Noch heute soll der Schatz in der Tiefe der Müritz ruhen, auch in den umliegenden Wäldern soll noch Geld vergraben sein. (30)

Schätze der Tiefe - am Seglerheim in Röbel

Von Drachen, Lindwürmern und Schlangen

Sagen von Drachen, Lindwürmern und Schlangen sind mit einer uralten Symbolik behaftet, sie waren schon in der Antike weltweit verbreitet. In der Bibel wird ein apokalyptischer Drachenkampf geschildert, in dem die Symbole des Drachens und der Schlange gleichgesetzt werden mit dem Teufel und dem Satan. Doch es gibt nicht nur negative Sinnbilder. In zahlreichen Wappen gelten Drachen und Lindwürmer als Zeichen von Macht und Stärke. Die Schlange findet man dagegen im Äskulapstab als Symbol für Weisheit und Heilkunde.
Der Volkskundler Richard Wossidlo schrieb 1939 in seiner Sagensammlung: „Sagen von Lindwürmern und Schlangen sind bei uns in Mecklenburg so zahlreich und von solcher Lebendigkeit der Einzelzüge, wie in keinem anderen deutschen Lande."
Auch in der Müritzregion sind diese Sagen verbreitet. Die Schlangensagen kursieren vor allem in der wald- und schlangenreichen Gegend des heutigen Müritz-Nationalparks, sagenhafte Drachen gibt es westlich der Müritz. In Jabel wurden besonders viele Sagen von einem Lindwurm erzählt. Dieser soll entweder auf dem Damerower Werder oder auf dem Jabeler Kirchhof hausen. Der Ursprung dieser Sagen liegt erstaunlich nahe. Am Altar der Jabeler Kirche befand sich ein Holzbild des Drachentöters St. Georg. Durch Abbildungen in Kirchen sind im deutschen Sprachraum viele ähnliche Sagen entstanden.

Grünes Unwesen - Naturschauspiel im Müritznationalpark

Der Lindwurm in Jabel

Auf dem Jabeler Kirchhof hat ein Lindwurm gehaust. Ein Ritter wollte ihn bekämpfen. Er ließ Stroh heranschleppen und baute daraus eine Mauer um den Lindwurm. Dann ritt er dreimal um die Mauer und zündete sie an. Der Lindwurm brüllte furchtbar. In Nossentin hauste auch einer. Der hörte das Geheul, lief herbei und beide Lindwürmer kamen im Feuer um. [31]

Nu is hier doch'n Lindworm!

Auf dem Forsthof Sietow ist im Wald so viel Ungeziefer gewesen, dass es nicht mehr zu vertreiben war. Eines Tages kam ein Mann, der „mehr konnte“. Er bot den Sietowern an, das Ungeziefer zu vernichten, wenn man ihm eine ordentliche Summe dafür zahlen würde.

Die Leute mussten ihm jedoch versprechen, dass es in dieser Gegend keinen Lindwurm gab. Der Dorfschulze hatte kürzlich einen Lindwurm gesehen, aber er schwieg, denn er wollte endlich das Ungeziefer loswerden. Also ging der Mann an die Arbeit. Er zog einen Kreis, machte darin Feuer, holte ein Buch aus der Tasche und begann, darin zu lesen. Da kamen die ganzen Schlangen an und liefen immer rein in das Feuer. Die Bauern beobachteten alles aus der Ferne. Als er eine Weile gelesen hatte, hörte man plötzlich ein Brüllen aus dem Wald, das immer näher kam. Er schrie: „Nu is hier doch'n Lindworm!“ Der Lindwurm schlängelte sich um den Schlangenbanner und ging mit ihm in das Feuer. (32)

Der Drache in Klink

In der Nähe von Klink gibt es mitten im Acker die „deip Kuhl", eine Vertiefung, in der viele Steine liegen. Diese soll auf folgende Weise entstanden sein.
Auf dem Acker stand gerade Klee und die Kinder aus Klink spielten in der Nähe. Auf einmal flog ein Drache über den Acker. Er war sehr groß, sah fürchterlich aus und spuckte Feuer. Die Kinder liefen schnell davon, sahen aber noch, wie der Drache auf dem Acker landete und sich dort eine Kuhle wühlte. Als die Kinder später nachschauten, war die Kuhle voller Steine. [33]

Der Schlangenkönig

In der plattdeutschen Sprache kennt man die „Snaken", das sind die Ringelnattern, und die „Addern", die giftigen Kreuzottern. Da in den von Richard Wossidlo gesammelten Überlieferungen immer nur vom „Snakenkönig" und nur äußerst selten vom „Addernkönig" die Rede ist, sollte man am Johannistag in der Mittagstunde den glückbringenden Schlangenkönig unter den Ringelnattern suchen.

Mit etwas Glück kann man im Müritz-Nationalpark den Schlangenkönig beobachten. Er zeigt sich nur am Johannistag (24. Juni) in der Mittagstunde. Dann legt er seine Krone ab. Wenn jemand das beobachtet, soll er dreimal „in Gottes Namen" sagen, dann muss der Schlangenkönig die Krone weggeben. Besonders gern legt er seine Krone auf feine Seidentücher oder zufällig ausgebreitete Wäschestücke. Wer die „Snakenkron“ findet, dem soll sie Glück bringen. Der Glaube an den Schlangenkönig war so verbreitet, dass die Federower Jungen am Johannistag losgingen, um in einer Gegend, in der viel Farnkraut wuchs, den Schlangenkönig zu finden. Dem Volkskundler Richard Wossidlo wurde sogar des öfteren glaubhaft berichtet, man habe den Schlangenkönig mit eigenen Augen gesehen. (34)

Verworren - Ringelnattern an den Wienpietschseen

Zu spät!

Es passierte am Johannistag in der Mittagstunde, zwischen zwölf und eins. In einem Dorf bei Waren saß der Schlangenkönig auf dem Zaun hinter der Schmiede, sein Gefolge war auch dabei. Die Frau des Schmiedes sah es und eilte in die Schmiede, um einen Säbel zu holen. Damit wollte sie dem Schlangenkönig die Krone abhauen. Da sagte der Schlangenkönig:

„To spät, to spät, de Klock is ein,
ik ward üm'n Johr hier wedder steihn.“ (35)

Sagenhafte Tierwelt

In früheren Zeiten hatten die Menschen ein anderes Verhältnis zu den Tieren als in der Gegenwart. Einerseits lebte man mit den Nutztieren in Haus und Hof zusammen, andererseits fürchtete man sich vor den gefährlichen Wildtieren. Man glaubte, dass Tiere unheimliche Kräfte entwickeln konnten. Der Hase war als Hexentier gefürchtet, der schwarze Pudel wurde als Teufelshund bezeichnet und die Gans galt als Symbol für Fruchtbarkeit. Oft erscheint die Tierwelt in den Sagen und Märchen ganz menschlich. Die Tiere denken, reden miteinander oder sogar mit den Menschen, treiben Schabernack oder rächen sich für das Unrecht, was an ihnen begangen wurde. Die Tiere haben ihre Anführer, wie z.B. den Fischkönig oder den Schlangenkönig, die uns im vorliegenden Buch schon begegnet sind. Sehr interessant sind die Entstehungssagen am Ende dieses Kapitels, die Richard Wossidlo von Menschen aus der Müritzregion erzählt wurden. Sie zeugen davon, wie genau die Menschen die Tiere und ihre Gewohnheiten beobachteten und zu erklären versuchten. Wie phantasievoll die Menschen die Eigenarten der Tiere begründeten, zeigt die Sage von der Kröte mit den roten Augen. Sie wird in ganz Mecklenburg erzählt. Richard Wossidlo fand mehr als zweihundert verschiedene Fassungen, in denen die Kröte von vielen verschiedenen Tieren beschimpft oder getröstet wird.

Der Hase und der Knecht

Ein Knecht aus Waren wollte zum Acker fahren. Als er mit seinen vier Ochsen durch den Werder kam, sah er einen großen Hasen. Dieser lief immer wieder auf die Ochsen zu. Der Knecht konnte seinen Weg nicht fortsetzen und ärgerte sich mächtig. Er holte seine Peitsche und schlug auf den Hasen ein. Doch der Hase war groß und hatte Bärenkräfte. Schließlich schnappte der Hase sich den Knecht und klemmte ihn ganz fest in eine gespaltene Buche. Ganz blau sah der Knecht aus, als man ihn fand. [36]

Die gespenstische Gans

In der Warener Marienkirche kann man bei der Sakristei des öfteren eine gespenstische Gans sehen. Eines Tages trug eine Frau die Gans zu sich nach Hause. Sie setzte das Tier unter ihr Bett und freute sich schon auf den leckeren Gänsebraten. Doch auf einmal verwandelte sich die Gans zu einer menschlichen Gestalt. Sie forderte die erschreckte Frau auf, sie dorthin zu bringen, wo sie sie hergeholt habe. (37)

Der schwarze Hund von Schloß Grubenhagen

Die folgende Sage wurde zur Zeit von Richard Wossidlo massenhaft in den unterschiedlichsten Varianten im Dorf erzählt. Vermutlich diente sie als Abschreckung, um Kinder vor dem Betreten des Burggeländes zu warnen. Die Burg Grubenhagen wurde im 13. Jh. errichtet und um 1750 aufgegeben. Heute sind nur noch wenige Mauerreste erhalten.

Zwischen der Maltzanschen Burg in Schloß Grubenhagen und der großen Kirche in Kirchgrubenhagen verläuft ein unterirdischer Gang. In der Mitte dieses Ganges befindet sich, genau unter einem Teich, ein Raum, in dem sich Kisten voller Gold und Silber stapeln. Dieser Raum wird von einem schwarzen Hund bewacht. Manche erzählen auch, es sei ein schwarzer Pudel oder ein dreibeiniger Hund. Am Johannestag in der Mittagstunde läuft der Hund zum Teich oder auch zum Teufelsbach, um dort zu saufen. Es ist ratsam, diesem Hund aus dem Weg zu gehen, denn er soll schon Menschen zerfetzt haben. (38)

Grüße an die Katze

Auf der Devener Feldmark gibt es eine große Dornenhecke, an der es spuken soll. Als ein Mann aus Groß Varchow dort vorbeikam, hörte er es miauen. Als er näher heranging, sprach ihn eine Katze an: „Grüß tau Huus dien Katt von Mohnk, un segg ehr, de oll Rittkarsch Kater is doot!“ Als er nach Hause kommt, sitzt seine Katze auf dem Stuhl. Er spricht sie an und richtet ihr den Gruß aus. Sofort springt die Katze in den Kamin und ward fortan nicht mehr gesehen. Ihn grauste es sehr. An der Dornenhecke ist er nie wieder gewesen. (39)

Der goldene Hirsch

An der Burg in Stuer sah man von Zeit zu Zeit einen goldenen Hirsch. Zwei Ritter aus der Burg wollten ihn haben und beschlossen, auf die Jagd zu gehen. Das war nicht einfach, denn früher gab es rund um die Burg viel Wasser. Sie nahmen sich einen Kahn, fuhren auf das Wasser und erlegten den Hirsch. Als sie wieder heimkehren wollten, fing der Kahn an zu schaukeln. Er schaukelte so wild, als ob meterhohe Wellen auf dem Wasser wären. Schließlich fiel der Hirsch aus dem Kahn und ward nie wieder gesehen. Er soll noch heute irgendwo in den Satower Dorfwiesen liegen. [40]

Ungezähmte Landschaft - Rotwild am Rande des Nationalparks

Warum die Schwalbe am Haus nisten darf

Als Jesus am Kreuz hing, litt er große Pein. Die Sonne brannte unbarmherzig auf seinen wunden Leib. Da flog ein kleiner, schwarzer Vogel auf ihn zu und immer um ihn herum. Mit spitzen Flügeln fächerte die Schwalbe Jesus kühle Luft zu, um ihm die Pein zu erleichtern.

Aus Dankbarkeit hat es der liebe Gott so eingerichtet, dass die Schwalbe fortan mit den Menschen unter einem Dach wohnen darf. Von dieser Zeit an gilt ein kleines Schwalbennest unter dem Dach, im Stall oder auf der Diele als Segen für das ganze Haus und seine Bewohner. [41]

Warum das Eichhörnchen rot ist

An einem kalten Wintertag wollte der Teufel im Wald ein Feuer anstecken, um sich zu wärmen. Er sammelte trockenes Holz und kam dabei an einen Haselnußstrauch. Dort sah der Teufel viele trockene Zweige, aber er konnte sie nicht erreichen. Im Busch saß das Eichhörnchen und knabberte an den Nüssen. Der Teufel fragte es, ob es ihm nicht ein paar Zweige herunter schmeißen könnte. Doch das Eichhörnchen wollte es nicht tun. So stritt sich der Teufel mit ihm herum, langte nach einem Stock und wollte es verscheuchen. Er bekam das Eichhörnchen aber nicht zu fassen. Inzwischen brannte das Feuer lichterloh. Um dem Teufel zu entwischen, musste das Eichhörnchen schließlich durch das Feuer springen. Davon kommt es, dass das Eichhörnchen heute noch rot aussieht. (42)

Warum die Kröte rote Augen hat

De Looffrosch (Laubfrosch) is eis de Quadüx (Kröte) begegent un hett to ehr seggt: „Gauden Abend, Fru Nägendank!“ – „Gauden Abend, Fru Königin ut Engelland. Se weiten noch ’ne oll Fru to grüßen; oewer de Mullworm (Maulwurm), de oll Hudderbudder, de hundsföttsche Krup in ’t Lock, de säd‘ to mi: ‚Gauden Abend, dickbenduun, wat deist du hier so spät achter’n Tuun!‘ Wer weit, wo em Gott bedroot, ik heff rohrt, mi sünd de Oogen noch rot.“ (43)

Zwergensagen

In der Müritzregion tummeln sich besonders viele kleine Geister. Sie werden auch „de lütten Ünnerierdschen“ (die Unterirdischen) oder „Mönken“ genannt. Die mecklenburgischen Zwerge sind Kollektivwesen, sie leben in Familien und haben einen König. Meist sind sie unsichtbar, denn sie können sich unter einer Tarnkappe verstecken. Die Zwerge bewohnen vorgeschichtliche Kultstätten wie slawische Burgwälle oder bronzezeitliche Hügelgräber. Sie üben handwerkliche Tätigkeiten aus und helfen damit den Menschen. Oft sind sie jedoch selbst auf die Hilfe der Menschen angewiesen, dafür zeigen sie ihre Dankbarkeit. Die Ünnerierdschen können aber auch kiebig werden und Schabernack treiben, besonders dann, wenn sie Ärger mit den Menschen hatten. Meist sind sie aber friedliche Gesellen, die Tanz und Musik lieben. Letztendlich mussten die Zwerge unsere Gegend verlassen. „Dat Evangelium is ehr tau hoch prädigt worden.“

Im Müritzgebiet ist der Weiberberg in Laschendorf bei Malchow sozusagen das „Zwergenzentrum“. Nirgends in Mecklenburg gibt es so viele Zwergensagen wie an diesem slawischen Burgwall. Die Zwerge tummeln sich auch in Plau, in Waren auf dem Burgwall in der Feisneck, im Käflingsberg im Müritz-Nationalpark, in Zislow, Rogeez, Vipperow, Wredenhagen, Ludorf und in den Hügelgräbern von Mollenstorf.

Kathedrale am Ufer des Malchower Sees - Klosterkirche Malchow

Die Unterirdischen in Malchow

Im Weiberberg in Laschendorf bei Malchow wohnten einst die lütten Ünnerierdschen, die Zwerge. Oft kamen sie nachts über den See oder durch unterirdische Gänge nach Malchow, um dort in bestimmten Häusern zu backen und zu brauen. Sie versammelten sich in der Küche des jeweiligen Hauses, ohne dass dessen Bewohner es ahnten, und arbeiteten emsig die ganze Nacht hindurch. Jedes Mal ließen sie etwas Bier und Brot zurück, um sich für die Küchenbenutzung dankbar zu erweisen.

Eines Nachts wurden sie vom ersten Morgengrauen überrascht, ehe sie fertig wurden. Um nun wieder in den Weiberberg zu gelangen, mussten sie sich übersetzen lassen. Sie weckten den Fährmann und baten ihn, er möge sie für eine gute Belohnung übersetzen. Das tat er auch, denn er wusste, dass die kleinen Geister nicht geizig waren. Schnell kamen sie an ihr Ziel und als der letzte Zwerg von Bord ging, schüttete er einen vollen Sack in die Fähre aus und sprach: „Hier ist deine Bezahlung!“ Als der Fährmann seinen Lohn in Augenschein nahm, waren es lauter Rossäpfel. Wütend stieß er diese mit den Füßen ins Wasser. Dann legte er ab und kehrte nach Hause zurück, um noch ein Stündchen Schlaf zu finden.

Wie staunte der Fährmann, als er am nächsten Tag auf der Fähre pure Goldblättchen fand! Er muss sich sehr geärgert haben, denn jedes Mal, als er diese Geschichte seinen Bekannten erzählte, sagte er: „Ich hätte reich sein können, aber ich habe es mit den Füßen von mir gestoßen!“ (44)

Die neugierige Schneiderin

In jeder Nacht fanden sich die Zwerge aus dem Weiberberg in den Häusern der Malchower ein, um liegen gebliebene Arbeiten zu vollenden. Auch eine Schneiderin fand an jedem Morgen die Kleidungsstücke, die sie tags zuvor zu nähen begonnen hatte, fix und fertig vor. Zu gern wollte die Schneiderin mal einen Zwerg leibhaftig vor Augen haben. Also streute sie eines Abends ganz viele Erbsen auf der Treppe ihres Hauses aus. Als nun die Zwerge nachts zwischen zwölf und eins die Treppe erklimmen wollten, rutschen sie immer wieder aus und es gab ein riesiges Gepolter.

Fortan sind die Zwerge nie mehr in dieses Haus gekommen. (45)

Der Schuster und das Männchen

Vor vielen Jahren lebte in Plau ein Schuster, der nur einen Gesellen hatte. Alle Leute wunderten sich, wie rasch dem Schuster die Arbeit von der Hand ging. Es kamen immer mehr Kunden und er wurde immer reicher. Wenn der Schuster am Abend ein Paar Stiefel zugeschnitten und hingelegt hatte, dann lagen die Stiefel am nächsten Morgen fertig auf seinem dreibeinigen Arbeitsstuhl. Der Meister wunderte sich sehr darüber, bis sein Geselle eines Tages die Sache aufklärte.

Es sollte ganz dringend ein paar Schuhe abgeliefert werden, also wies der Meister den Gesellen an, die Nacht durchzuarbeiten. Als der Geselle so vor sich hin schusterte, kam Schlag zwölf ein kleines nacktes Männchen mit einer entsetzlich großen Nase herein. Es setzte sich auf den Stuhl des Meisters und arbeitete tüchtig los. Dem Gesellen wurde es unheimlich zumute, er nahm seine Lampe und ging aus der Stube. Durch das Schlüsselloch sah er, wie das

Männchen Licht machte und ruhig weiterarbeitete. Der Geselle ging in seine Kammer, wo er sich unruhig auf dem Bett herumwälzte. Als der Morgen graute, erzählte er dem Meister, was er gesehen hatte.
Der Meister erschrak, beschloss aber, sich seinem Wohltäter erkenntlich zu zeigen. Da das Männchen nackt war, überlegte er sich, dass es sich über neue Kleider freuen würde. Der Geselle konnte die Größe des Männchens gut einschätzen, also fertigten sie einen kleinen Mantel an und legten ihn am Abend auf des Meisters Stuhl. Durch das Schlüsselloch beobachteten sie, was weiter geschehen würde. Schlag zwölf kam das Männchen wieder, machte Licht und besah sich den Mantel. Traurig murmelte es: „Hm, jetzt soll ich also reisen.“ Gleich darauf wurde es dunkel in der Stube. Als der Meister und sein Geselle nachschauten, waren Mantel und Männchen verschwunden. Seit dieser Zeit fand man in der Schusterstube am Morgen immer alles genauso vor, wie man es am Abend hingelegt hatte. Der Schuster aber wurde nach und nach wieder so arm, wie er vorher gewesen war. [46]

De Scheper mit de Dwaßfläut

En Scheper hett mit 'ne Dwaßfläut (Querflöte) so schön fläut't. Dee geiht vör sien Schaap her na de Hörten ran – de Schaap stellen sik hen un hüren dat an. Dor kümmt 'n lütten Mann – dee hett noch mihre Zwerchen bi sik – dee seggt to den Scheper: „Du kannst jo wunderschön fläuten!“ Dorbi kriggt he ut de Tasch ümmer luter lütte Spöön, dee bi't Holthaugen fallen, un seggt: „Dat sünd schöne Karrenspönings – dee sammelst du up un dreggst se na Huus. De Scheper will irst nich, dor seggt de lütte Mann: Wenn du de Spöön nich gliek upsammelst, geiht di't slicht.“ De Scheper steckt se in de Tasch – se smiten noch 'n poor hen un gahn af. As se weg sünd, denkt de Scheper: ‚Nu smiet de Spöön man weg!‘ As he tosüht, wat he in de Taschen hett, is't luter Gold! (47)

Das wundersame Getränk

In der Nähe von Mollenstorf befinden sich drei bronzezeitliche Hügelgräber, die, mit Bäumen und Sträuchern bewachsen, dicht beieinander stehen. Für die Mecklenburger sind diese Hügelchen, welche sich im ebenen Feld erheben, „Berge“, sie nannten sie Lindenberg, Pfennigsberg und Fuchsberg.

Die Zwerge liebten solche vorgeschichtlichen Stätten. Diese Hügelchen waren gerade so groß, um ein ganzes Zwergenvolk bequem zu beherbergen.

Eines Tages wanderte ein Mann am Lindenberg vorbei. Er kam aus Penzlin und wollte nach Zahren. Ihn quälte ein fürchterlicher Durst. Bis Zahren musste er noch durchhalten, denn auf dem Weg gab es weder eine Quelle noch ein Wirtshaus.

Auf einmal hörte der Durstige eine wunderbare Musik. Sie schien aus dem Lin-

denberg zu kommen. Auch schien es ihm, als ob der Berg von innen hell erleuchtet wäre. Fasziniert blieb er stehen. Natürlich wusste er, dass der Berg von Zwergen bewohnt war, denn die Ünnerierdschen und die Oberirdischen gingen zu jener Zeit noch sehr vertraut miteinander um.
Da es sich anhörte, als ob die kleinen Leutchen in dem Berg etwas zu feiern hätten, dachte er so bei sich: „Hier kann ich wohl etwas bekommen, um meinen Durst zu stillen“. Suchend ging er um den Berg, aber einen Eingang konnte er nirgends entdecken. Die Dämmerung war schon hereingebrochen, kleine Lichter funkelten zwischen den Sträuchern. Also rief er laut: „Habt ihr nicht etwas zu trinken für mich? Mich dürstet gar zu doll.“ Kaum hatte er dies gesagt, tauchte ein Zwerg mit einem großen, prächtigen Krug auf und sagte: „Trink, aber guck nicht in den Krug!“ Dankend nahm der Mann den Krug entgegen und trank gierig. Das Getränk schmeckte gar köstlich!
Doch während er trank, kam ihm eine Idee. Der Krug war so schön anzusehen, dass er ihn behalten wollte. Also lief er mit dem Krug davon, so schnell er konnte. Der Zwerg erhob ein fürchterliches Geschrei, und sogleich kamen eine ganze Schar

kleiner Gesellen herbeigeeilt und liefen hinter dem großen Spitzbuben her. Doch so schnell sie mit ihren kleinen Beinchen auch trippelten, sie kamen nicht weit. Ein Zwerg war darunter, der hatte nur ein Bein. Sobald die anderen aber riefen „Eenbeen loop!“, konnte er so hohe und weite Sprünge hopsen, als ob er Siebenmeilenstiefel an hätte. So ging es lustig über die Felder: Der Dieb mit dem Krug voran, der einbeinige Zwerg mit großen Sprüngen hinterher und zuletzt die restlichen Zwerge mit trippelnden Schritten. Immer wieder feuerten sie ihren Kameraden an: „Eenbeen loop!“ Doch bald hatte der Spitzbube den Kreuzweg vor Zahren erreicht. Mit einem Satz sprang er hinüber und war in Sicherheit, denn die Zwerge durften Kreuzwege nicht überschreiten. Als Eenbeen nun sah, dass der Krug verloren war, rief er dem Dieb zu: „Du darfst den Krug behalten und immerfort daraus trinken, denn er wird sich nie leeren lassen. Hüte dich aber davor, in den Krug hineinzusehen. Viel Glück!“

Froh über seinen Schatz eilte der Mann nach Hause. Sorgfältig bewahrte er den Krug auf und so oft er Durst hatte, trank er aus diesem wundersamen Gefäß. Das Getränk bekam ihm sehr gut, er fühlte sich jederzeit stark und wohl.

So lebte er viele Jahre bei bester Gesundheit. Doch eines Tages plagte ihn doch die Neugier. Er wollte zu gern wissen, was auf dem Grunde der wundersamen Quelle zu finden war. Schließlich konnte er an nichts anderes mehr denken. Tag und Nacht ging ihm der Krug nicht aus dem Sinn. Eines Tages sah er hinein und was musste er entdecken? Ihm schauderte, als eine fette, hässliche Kröte ihn aus der Tiefe des Kruges aus großen, roten Augen anglubschte. Es war, als ob die Kröte hämisch grinste. Dann, plötzlich, sprang sie in einem hohen Bogen aus dem Krug und hopste davon in Richtung des Lindenberges. Weg war sie – und der Quell versiegte für immer.
Fortan ging es dem Mann immer schlechter. Er wurde krank, siechte dahin und starb. (48)

Als die Zwerge fortzogen

Die Unterirdischen wollten Malchow verlassen. Ein Mann kam zum Fährmann und fragte, was er ihm geben solle, wenn er dreimal überfahre. Sie einigten sich und die Fahrt begann. Obwohl der Fährmann nur den einen Mann sehen konnte, ging die Fähre so tief, dass das Wasser fast in sie hinein schwappte. Dreimal fuhr der Fährmann mit dem seltsamen Fahrgast über den Fleesensee und jedes Mal sorgte er sich um den gefährlichen Tiefgang seines Bootes. Nach der dritten Überfahrt fragte der Mann, ob der Fährmann wisse, wen er gefahren habe. Als der Fährmann verneinte, nahm der seltsame Fahrgast seinen Hut ab und setzte ihn dem Fährmann auf den Kopf. Nun sah er, dass es auf der Straße von lauter kleinen Menschen nur so wimmelte. Er fragte den Mann, was das zu bedeuten habe. Dieser meinte, sie müssten hier nun weichen, denn das Evangelium werde hier zu streng. (49)

Riesensagen

Während es in der Müritzregion von Zwergen nur so wimmelt, sind Riesen relativ selten anzutreffen. Riesensagen werden immer dann erzählt, wenn es gilt, bestimmte Besonderheiten in der Landschaft zu erklären. Ein bekanntes Beispiel sind die in Mecklenburg zahlreich vorhandenen Großsteingräber. Die Menschen konnten sich nicht vorstellen, wie man mit normalen Kräften die riesigen Feldsteine für ein Grabmal übereinander schichten konnte. Man dachte, dass nur Hünen mit übermenschlichen Kräften in der Lage wären, so etwas vollbringen. Also werden die Großsteingräber noch heute „Hünengräber" genannt. Ein sagenhaft beliebtes Spiel der Riesen scheint es gewesen zu sein, mit großen Findlingen Weitwurf zu üben. Als Ziel hatten sich die Riesen meist die Kirchen der Region auserkoren. Da die Riesen schlecht zielen konnten, finden wir noch heute wunderschöne riesengroße Findlinge in der Landschaft.

Riesensteine bei Penzlin

Bei Penzlin lag unweit des Stadthofes vor Zeiten ein gewaltiger Stein, so groß, dass auf seiner Oberfläche sieben Menschen nebeneinander liegen konnten. Lange Zeit hatte dieser Ort den Flurnamen „Bi ’n Hünenstein“. Diesen Stein soll ein Hüne dorthin geworfen haben, und zwar von Neuendorf bei Neubrandenburg,. Der Riese wollte eigentlich den Penzliner Kirchturm treffen. Da er aber nicht so gut zielen konnte, ging der Stein viel zu weit rechts zu Boden.

Im südwestlichen Teil der Penzliner Stadtmauer, in der Innenseite, befindet sich ein Granitstein, der an der sichtbaren Kante rundlich ausgehöhlt ist. Diesen soll ein Riese in Neustrelitz geschleudert haben. Die rundliche Vertiefung stammt vom Daumen des starken Hünen.

In einem Wald südlich von Lehsten kann man noch heute einen gewaltigen Riesenstein bewundern, auf dem mehrere Menschen stehen können. Mit diesem Stein soll ein Riese versucht haben, die Varchentiner Kirche zu treffen. (51)

Der Riesenstein in Klink

Wenn man vom Klinker Schloss aus dem Müritz-Rundwanderweg in Richtung Sembzin folgt, durchquert man den an der Müritz gelegenen ehemaligen Gutspark. Auf der rechten Seite liegt am Steilhang ein riesengroßer Findling, der größte Findling des Müritzgebietes.

Diesen Stein soll ein Riese aus der Müritz geschleudert haben. Der Findling hat zehn Löcher. Die Dorfjungen erzählen, dass diese Löcher nichts anderes sind als die Abdrücke der zehn Finger des Riesen. Wie die Löcher in den Stein gekommen sind, ist historisch belegt. 1848 wurde die Chaussee von Waren nach Malchow gebaut. Dafür brauchte man eine Steinwalze. Man versuchte, den riesigen Stein aufzumeißeln, aber der Stein ließ sich weder zerstören noch transportieren. Also liegt er noch heute dort, wo er immer lag, und erzählt uns, wie eine Sage entstehen kann. [50]

Riesengroß - Findling am Müritz-Rundwanderweg

Die Riesenfußspur

Im Laufe der Jahrhunderte hinterließ der Mensch mehr Spuren als die sagenhaften Riesen. Das in der Sage beschriebene Moor ist heute, genau wie der Steindamm mit der Riesenfußspur, nicht mehr zu finden. Die Bezeichnung „Steindamm" hat sich jedoch als Flurname erhalten.

In der Nähe von Melz befand sich der Steindamm, eine gepflasterte Straße, die durch ein Moor führte. Auf einem Stein in der Mitte des Dammes war die Fußspur eines Riesen zu sehen.

Als es in alten Zeiten noch Riesen gab, ging ein Riese durch das Müritzgebiet. Wie wir alle wissen, haben Riesen Riesenbeine und nehmen Riesenschritte, wenn sie durch das Land gehen. Der Riese kam von Westen und wollte in Richtung Müritz weiterwandern. Doch auf einmal sah er das Moor, welches selbst aus seiner Riesenperspektive ziemlich groß aussah. Er nahm Anlauf, sprang über die eine Hälfte des Moores bis auf dem Steindamm und von dort aus weiter in Richtung Müritz. So hatte er mit zwei Hopsern das Moor hinter sich gelassen.

Riesen sind ziemlich schwer, und durch das riesige Gewicht des Giganten hatte sich dessen Fußspur so in den Stein gedrückt, dass die Menschen sie noch Jahrhunderte später dort sehen konnten. (52)

Wie die Burgwallinsel in der Feisneck entstand

In der Nähe von Waren befindet sich die Feisneck, ein idyllisch gelegener See mit einer Insel, auf der sich einst ein slawischer Burgwall befand. Wie diese Insel enstanden sein soll, wird in einer Sage berichtet.

Ein Riesenmädchen hatte in seiner Schürze Sand geholt. Als sie durch die Feisneck ging, riss das Schürzenband. Der ganze Sand fiel in den See und bildete eine Insel. (53)

Schätze und Schatzsucher

Es gibt wohl kaum einen Menschen, der noch nicht davon geträumt hat, reich zu werden. Ist in der heutigen Zeit der Lottogewinn nicht das Ziel vieler geheimer Träume? In den letzten Jahrhunderten glaubte man, dass irgendwo in der Landschaft reiche Schätze verborgen seien. Insbesondere an heiligen Stätten unserer Vorfahren, wie z. B. an Hünengräbern oder in slawischen Burgwällen, sollen wunderbare Dinge liegen. Was waren für unsere Vorfahren Schatze? Man erzählte von Gold, Silber, Edelsteinen, Schmuck und Geld, besonders Goldtaler. Aber auch nach „goldenen Götzen“ wird gesucht, also nach Resten von vorchristlichen Heiligtümern, die auf der Flucht vor Verfolgern in einem See oder in einem Sumpf versenkt wurden. Auffallend häuft sich im östlichen Teil der Müritzregion die Sage von der versenkten goldenen Wiege. Es gibt auch Erzählungen von vergrabenen Bier- oder Weinfässern.

Man glaubte, dass am Johannistag (24. Juni) die Schätze zum Vorschein kommen würden. In der Johannisnacht kündeten auch so genannte „Geldfeuer“ oder „Goldfeuer“ von der Existenz eines Schatzes.

Aber die Schatzgräber lebten gefährlich, denn bei der Hebung des Schatzes war der Teufel nicht weit. Alles, was tiefer als drei Fuß unter der Erde lag, gehörte ihm, also versuchte er mit allen Mitteln, das Ausgraben des Schatzes zu verhindern. Er narrte die Grabenden, erschien ihnen in den unterschiedlichsten Gestalten und erschreckte sie derart, dass sie aufgaben und das Weite suchten. Wollte man also den Schatz heben, war Vorsicht geboten. So galt während der Schatzgräberei ein Redeverbot. Hatte man den Schatz geborgen, dann durfte man sich auf dem Rückweg nicht umschauen.

Die Kriegskasse im Wackstower See

In der Nähe von Bollewick bei Röbel liegt ein kleiner See, in dem ein großer Schatz verborgen ist. Ein Trupp schwedischer Soldaten soll ihn versenkt haben. Die Schweden mussten vor den kaiserlichen Truppen fliehen, dabei warfen sie in großer Eile ihre wertvolle Kriegskasse in den See. Im morastigen Untergrund sank die Kasse schnell in unergründliche Tiefen. Die Verfolger versuchten vergeblich, die Kiste mit dem Schatz aus dem See zu ziehen.

Im Laufe der Zeit wollten die Menschen immer wieder die Kriegskasse bergen. Man zog sogar einen Graben, um das Wasser aus dem See abzulassen, aber auch dies war vergebens. So ruht der Schatz noch heute in der Tiefe des Sees. (55)

Schatzgräber am Heisterstein

In der Nähe des Dorfes Torgelow, dicht an der Landstraße nach Groß Gievitz, befindet sich ein gut erhaltenes Hünengrab, der Heisterstein. Um diesen Ort ranken sich sehr viele Sagen Besonders an Johannistagen soll es dort nicht geheuer sein.

In Waren hatte sich herumgesprochen, dass am Heisterstein ein großer Schatz liegen soll. Eines Nachts zogen mehrere mutige Warener los, um diesen Schatz zu heben. Nachdem sie lange genug gegraben hatten, kam tatsächlich eine Kiste mit Geld zum Vorschein. Gerade wollten sie die Kiste aus der Erde wuchten, da kam eine Kutsche angefahren, die von vier Gänsen gezogen wurde. Eine weiße Dame saß in der Kutsche. Die Schatzgräber arbeiteten weiter. Es dauerte nicht lange, da kam wieder eine Kutsche vorbei. Diese wurde von vier weißen Mäusen gezogen. „Das wird ja immer hübscher!“, rief einer der Schatzgräber erstaunt aus. Sofort versank die Geldkiste wieder in der Erde. Dort liegt sie noch heute und wartet auf mutige und schweigsame Schatzgräber. [54]

Sagenhaft - Hühnengrab bei Torgelow

Der Schatz in der Kirche zu Ankershagen

In Ankershagen herrschten in grauer Vorzeit die Mönche. Sie waren in den Ort gekommen, nachdem die alte Burg zerstört worden war. Sie lebten in Ankershagen, bis sie in den Jahren des Dreißigjährigen Krieges aus dem Ort vertrieben wurden.

Als die Mönche Ankershagen verlassen mussten, haben sie ihre zahlreichen Schätze zurücklassen müssen. Die Leute glaubten, dass das Gold der Mönche irgendwo in der Kirche versteckt sei.

In den folgenden Jahren kamen von Zeit zu Zeit ausländische Männer nach Ankershagen und baten um die Öffnung der Kirche. Sie untersuchten die Kirche jedes Mal gründlich, zogen aber unverrichteter Dinge wieder fort. Die Männer hatten ein fremdländisches Aussehen und unterhielten sich in einer unbekannten Sprache.

Vielleicht liegt noch heute in der Kirche ein kostbarer Schatz begraben. [56]

Das Geldfeuer am Kreuzweg

Im Müritz-Nationalpark gibt es am Priesterbäker See einen Punkt, an dem sich vier Straßen kreuzen. Dort spukt es. Der Herzog von Mecklenburg-Strelitz soll an diesem Kreuzweg Geld vergraben haben. Heute gehört dieser Landstrich zu Mecklenburg-Schwerin, doch der Herzog hatte, als er den Schatz zurückließ, einen Bannspruch getätigt. Nur jemand aus dem Strelitzer Land sollte den Schatz dereinst haben. Eines Tages ging ein Knecht von Waren nach Amalienhof, wo er auf einem Bauernhof diente. Als er an den Kreuzweg kam, sah er einen großen schwarzen Hund neben einem Geldfeuer sitzen. Der Hund knurrte fürchterlich, aber der Knecht war nicht bange. Er griff in das Feuer und packte sich die Taschen voll Geld. Auf einmal begann der Hund zu reden. „Gah af mit dien Geld, oewer kiek di nich üm“, sagte er. Als der Knecht sich zum Gehen wandte, rief er ihm nach: „Wierst du zaghaft wäst, harrst du dien Seel hier laten müsst!“ (59)

Der dumme Frohnerknecht

Ein Frohnerknecht arbeitete tagein, tagaus fleißig für seinen Herrn in Waren. Eines Tages kamen zwei Damen zu ihm. Sie sagten, er solle am nächsten Tag, am Johannistag, mit seinem Pferdewagen an die Feisneck kommen. Dort werde er eine goldene Kette sehen, die am Ufer liege. Er solle rückwärts mit seinem Pferdewagen an den See heranfahren, das Zugholz seines Wagens in die Kette einhaken und kräftig ziehen. So könne er alle Schätze herausziehen, die in der Feisneck verborgen liegen. Der Knecht war so aufgeregt, dass er diese Botschaft nicht für sich behalten konnte. Er erzählte es seinem Herrn. Dieser wollte nun auch etwas von dem Schatz haben. Also fuhren sie beide am Johannistag mit dem Pferdewagen an den See. Doch die Pferde waren wie verhext. Sie scheuten und konnten weder vorwärts noch rückwärts an den See geführt werden.
Denn der Knecht sollte den Schatz ganz allein bekommen. Wenn er schlau gewesen wäre und geschwiegen hätte, wäre er ein reicher Mann geworden. (57)

Reicher Segen - Wolkenspiel über der Feißneck

Der Schatz unterm Holzapfelbaum

Am Mittag eines Johannistages geht ein Mann zu seinem Acker. Als er am Chausseehaus bei Schloen vorbeikommt, sieht er ein kleines Männchen in roter Kleidung an einem kleinen Feuer mit glühenden Kohlen stehen. Der Mann will sich eine Kohle nehmen, aber das Männchen sagt: „Nein, tue es nicht! Diese Kohlen gehören zu einem Geldfeuer, das ich bewache. Aber schau, dort drüben steht ein Holzapfelbaum. Unter diesem Baum wirst du jedes Jahr am Johannistag Geld finden.“ Dann löst sich das Männchen mitsamt dem Geldfeuer in Luft auf. Am Johannestag des nächsten Jahres geht der Mann zum Holzapfelbaum. Und siehe da: dort liegt ein großer Haufen Geld. Von nun an holt sich der Mann an jedem Johannistag sein Geld vom Holzapfelbaum.

So geht das viele Jahre. Die Frau des glücklichen Schatzfinders wird jedoch von Jahr zu Jahr neugieriger. Sie möchte zu gern den Ursprung des Reichtums herausfinden. Irgendwann löchert sie ihn so sehr mit Fragen, dass er ihr alles erzählt. Als er am nächsten Johannistag wieder zu seinem Holzapfelbaum kommt, ist dort kein Geld mehr zu finden. (58)

Verborgenes Glück - Winterlandschaft am Eldekanal

Der Bauer und das Geldfeuer

Ein Bauer aus Minzow kehrt nachts etwas angetrunken von einer Hochzeit in Dambeck heim. Als er an der alten Kirche vorübergeht, sieht er ein Feuer. Er denkt, die Pferdejungen hätten es angezündet und vergessen. Er tritt an das Feuer, um seine Pfeife anzustecken. Das erste Stückchen Kohle brennt nicht, auch die zweite und dritte Kohle gibt kein Feuer. Unwillig stochert der Bauer mit dem Fuß in den glimmenden Kohlen herum. Dabei verliert er seinen Schuh. Da er nicht ganz nüchtern ist, bemerkt er den Verlust nicht und geht weiter. Als er an einen Graben kommt, saust der Schuh mit gewaltigen Schritten hinter ihm her. Ganz erstaunt blickt der Bauer sich um. Das hätte er nicht tun sollen, denn in diesem Augenblick hat er sein Gehör verloren.

Zu Hause angekommen, erweist sich die plötzliche Taubheit durchaus als Vorteil. Seine Frau konnte über die späte Heim-

kehr schimpfen wie sie wollte – er hörte nichts! Ganz gelassen holt er seine Pfeife aus dem Sack und will sie anstecken. Doch was ist das? Statt der Kohle findet er auf der Pfeife einen glänzenden Goldklumpen.
Als der Bauer das Gold sieht, ist er sofort wieder nüchtern. Er erinnert sich, woher die Kohle stammt und spannt den Wagen an. Einen ganzen Sack voller schöner blanker Dukaten holt er sich von dem Geldfeuer.
Die Taubheit des Bauern hielt auf die Stunde genau ein Jahr an, danach war er geheilt und konnte es leider wieder hören, wenn seine Frau ihn schalt. [60]

Geister und Tote

In der heutigen modernen Gesellschaft ist es nur schwer vorstellbar, dass Tote auf dem Kirchhof tanzen oder eine Totenmesse in der nächtlichen Kirche besuchen. Spukende Tote und Geister tauchen fast nur in Horrorfilmen auf.
In den früheren Jahrhunderten war der Tod der alltägliche Begleiter des Menschen. „Dee is arm, de sik den Dod wünscht, oewer dee is noch väl armer, de bang vör em is“, lautet eine alte Redensart. Die Friedhöfe befanden sich in der Mitte des Ortes an der Kirche, sie erinnerten täglich an die Endlichkeit des Lebens.
Die Menschen glaubten fest daran, dass sie in irgendeiner Form nach dem Tode weiter existieren. Diese Auffassungen spiegeln sich in den zahlreichen Totensagen wieder. Für die im Leben begangenen schlechten Taten wurde man nach dem Tode bestraft. Wer ein redliches Leben geführt hatte, dem ging es auch nach dem Tode gut.
Sehr verbreitet war die Auffassung, dass es Geister gibt. Geister sind Tote, die ihren Frieden noch nicht gefunden haben. Sie starben entweder eines gewaltsamen Todes, durch einen Freitod oder sie haben ein so schweres Unrecht begangen, dass sie nicht in Frieden ruhen konnten. Oft zeigten die Geister sich am Johannistag den Menschen und baten um ihre Erlösung.

Die schwarze Dame in Göhren-Lebbin

An der Stelle, wo sich heute im Hotel Schloss Blücher Touristen erholen, stand einst ein altes Gutshaus. Dort zeigte sich des Nachts eine geheimnisvolle Dame. Sie ging im schwarzen, seidenen Kleide im Gutshaus umher und erschreckte die Menschen.
In einer Nacht huschte sie im hellen Mondschein in das Zimmer des zweiten Dieners. Sie fasste an sein Kopfkissen und neckte ihn, bis er erwachte. Der Diener dachte, es sei schon über fünf und er habe die Zeit verschlafen. Erschreckt sprang er aus dem Bett. Er merkte jedoch bald, dass die Uhr erst eins ist, und legte sich wieder zur Ruhe. [61]

Der Gottesdienst der Toten in der Nikolaikirche zu Röbel

Mutter Schulzen war eine alte und fromme Frau, sie wohnte in Röbel am Markt. Jeden Tag ging sie zur Kirche, besonders gern besuchte sie in der Fastenzeit oder an den Adventstagen den Frühgottesdienst in der Röbeler Nikolaikirche. Wenn die Morgenglocken läuteten, eilte sie mit dem Gesangbuch unter dem Arm in die nahe Kirche.

Wieder war es Adventszeit. Die alte Frau Schulzen lag noch im Bett, als sie plötzlich ein dumpfes Glockenläuten vernahm. Sie hatte doch nicht etwa verschlafen? Schnell warf sie sich ihre Kleider über, nahm das Gesangbuch und eilte in die erleuchtete Kirche.

Ungewöhnlich viele Leute waren diesmal dort versammelt. Mutter Schulzen sah nur unbekannte Gesichter. Doch als sie die Menge näher betrachtete, entdeckte sie Leute, die eigentlich schon lange auf dem Friedhof begraben lagen. Oder täuschte sie sich? Vielleicht hatte sie nur noch nicht ausgeschlafen? Egal, sie setzte sich ruhig auf ihren gewohnten Platz, nahm das Gesangbuch und begann, mit den anderen zu singen. Der Gesang klang geisterhaft hohl und dumpf und sie sah immer noch lauter Leute, die längst tot sein müssten. Mutter Schulzen war schon ganz ratlos, als sie plötzlich angestoßen wurde. Ihre vor einigen Jahren verstorbene Nachbarin blickte sie an und sprach mit hohler Geisterstimme zu ihr: „Nahwersch, nu is't Tiet, nu mak, dat du weg kümmst!"

Mutter Schulzen war entsetzt, sie eilte mit Grausen aus der Kirche. Als sie durch die Tür lief, flog diese auch schon zu, ein Zipfel ihres Mantels blieb in der Tür hängen. Auf dem Heimweg hörte Mutter Schulzen die Glocke eins schlagen. Nun war ihr klar, dass sie den Gottesdienst der Toten in der Geisterstunde besucht hatte.

Die Leute in Röbel erzählten oft, dass nachts Orgelspiel aus der hell erleuchteten Kirche zu hören war. [63]

Der Totentanz in Sietow

Als der Küster Schröder noch jung war, wohnte er am Kirchhof in Sietow. Der Bauer Micheel wohnte gegenüber, auf der anderen Seite des Kirchhofes. Sie besuchten sich abends sehr oft und spielten Karten. Um den Weg abzukürzen, benutzten sie einen Fußsteig, der quer über den Kirchhof führte. Eines Abends wurde es später als sonst. Erst nach 11 Uhr ging der Küster bei hellem Mondschein über den Kirchhof nach Hause. Als er um die Kirchenecke biegt, sieht er zwischen den Gräbern ein paar tanzende Katzen. „Täuw", denkt er, „juch sall dat Schwerenot halen!" Dann bückt er sich, um einen Stein zum Schmeißen zu suchen. Als er sich aufrichtet, tanzen dort zwei große Frauen, die noch nicht lange tot sind. Eine war Lisch Burmeister. Er reißt aus, springt über die Kirchenmauer und rennt zu seinem Haus. Als er sich dort in Sicherheit wähnte, wurde er doch neugierig und schaute zurück über die Mauer. Ihm schauderte, als ob jemand einen Eimer eiskaltes Wasser über ihm ausgegossen hätte. Die ganze Nacht wälzte er sich frierend in seinem Bett. [62]

Der Schneider mit dem Buckel

In Domherrenhagen bei Rambow gibt es eine wüste Kirche. Es ist die Ruine einer Feldsteinkirche aus dem 13. Jh. Nur die Fundamente und Teile der Giebelwände sind noch erhalten. Um die wüste Kirche ranken sich viele Sagen.

Am Silvesterabend trafen sich in der wüsten Kirche in Domherrenhagen die Toten zum Gottesdienst. Ein Schneider mit einem riesigen Buckel geriet zufällig dort hinein. Notgedrungen sang er die Lieder kräftig mit. Da fragte der Küster den Priester: „Wie wollen wir den fleißigen Sänger belohnen?“ – „Wir nehmen ihm die Last, die er zu tragen hatte.“, antwortete der Priester. Die beiden geisterhaften Gestalten strichen dem Schneider über den Buckel, der daraufhin sofort verschwand. Das Wunder sprach sich herum und so geschah es, dass am nächsten Silvesterabend wieder ein buckliger Mensch am Gottesdienst teilnahm. Doch als die Toten sangen, saß er still dabei und hörte zu. Da fragte der Küster den Priester, was man mit diesem faulen Menschen tun solle. „Oh, wir wollen ihm die Last dazugeben, die wir dem anderen abgenommen haben!“, meinte der Priester. Da klebten sie ihm den zweiten Buckel auch noch an. (64)

Die Orgelbauer und die Dame

Als die Georgenkirche in Waren umgebaut wurde, wollten die fremden Orgelbauer die Orgel anzünden. Sie hofften, durch den Bau einer neuen Orgel viel Geld verdienen zu können. Dem Küster erschien nachts eine Dame. Er fürchtete sich und wagte nicht, sie anzusprechen. Als die Dame auch in der nächsten Nacht erschien, fragte der Küster den Pastor, was er tun solle. Dieser meinte, der Küster solle die Dame ruhig ansprechen, ihr aber nicht die Hand reichen. In der folgenden Nacht tat der Küster, was der Pastor ihm geraten hatte. Die Dame verriet dem Küster den gemeinen Plan der Orgelbauer. Daraufhin wurden diese sofort aus der Stadt ausgewiesen. So war die Orgel gerettet. (65)

Gewendetes Schicksal - Tauwetter vor St. Georgen

Der Feuerreiter von Jabel

Der Aberglaube, man könne Feuer bannen und besprechen, war in Mecklenburg weit verbreitet. Schon 1864 veröffentlichten Ludwig Fromm und der Warener Gymnaiallehrer Carl Struck zahlreiche Bannsprüche, die während des Umreitens des Feuers gesprochen wurden. Auch Richard Wossidlo hat unzählige Sagen und Varianten von Feuer-Bannsprüchen gesammelt.

Als ganz Jabel total abbrannte, blieb ein Gehöft verschont. Ein Edelmann soll auf seinem Pferd herbei geritten sein. Dreimal ritt er um das Gehöft herum, dann lenkte er sein Pferd in die Richtung des Sees. Das Feuer kroch wie eine lodernde Schlange immer hinter ihm her. Schließlich verschwand der geheimnisvolle Reiter mit seinem Pferd im See und das Feuer war gelöscht.

Schon ein bis zwei Wochen vor dem großen Brand wollen einige hellsichtige Jabeler nachts das Geräusch von Feuerspritzen auf der Dorfstraße gehört haben. (66)

Scheidegänger in Sietow

Sagen von Scheidegängern haben oft einen historischen Hintergrund. Zwischen den Sietower Bauern und dem Hinrichsberger Gutsherren Pogwitsch gab es von 1691 bis 1701 tatsächlich Grenzstreitigkeiten, die aber einen etwas anderen Verlauf nahmen als in der Sage beschrieben. Der Gutsbesitzer hatte die Grenzsteine willkürlich versetzt, um einen Acker zu beanspruchen. Die Sietower wehrten sich, es gab Handgreiflichkeiten und eine Schießerei, letztendlich kam die Sache vor Gericht. Die folgende Sage wurde fast 200 Jahre nach diesen Streitigkeiten erstmals aufgeschrieben.

Einst stritten die Hinrichsberger und die Sietower Bauern um die Grenze zwischen ihren Dörfern. Die Sietower wollten sich den Hinrichsberger Acker auf besonders schlaue Art aneignen. Sie taten sich Sietower Sand in die Schuhe und gingen ein ganzes Stück auf den Hinrichsberger Acker hinaus. Dort schworen sie bei Gott, auf Sietower Boden zu stehen. Zur Strafe gingen sie nach ihrem Tode Tag und Nacht an der Grenze hin und her und riefen: „Hier geiht de Scheid!“ (69)

Geschichtsträchtiges „Bergwerk" - die Röbeler Windmühle

Durch Gotteslohn erlöst

Früher gab es in Wredenhagen keine Mühle. Die Leute brachten ihr Korn nach Hinrichshof, denn dort gab es eine Windmühle und eine Wassermühle.
Eines Abends, es dämmerte schon, ging eine Tagelöhnerfrau von Wredenhagen nach Hinrichshof. Sie wollte einen Sack Roggen zu Mehl mahlen lassen. Der Müller hatte gerade zu tun und so dauerte es eine ganze Weile, bis das Korn gemahlen war. In dunkler Nacht trat die Tagelöhnerfrau mit dem Sack Mehl auf dem Rücken ihren Heimweg an. Sie war noch nicht lange unterwegs, als sie merkte, dass sie von einem Mann verfolgt wurde. Sie fürchtete sich sehr, denn der Mann sagte kein Wort. Inzwischen war es Mitternacht geworden. Die Tagelöhnerfrau beschloss, den Weg über eine Koppel abzukürzen. Als sie über den Koppelzaun steigen wollte, näherte sich der Mann. Freundlich bot er ihr an, den schweren Sack eine Weile zu tragen. Sie fürchtete sich immer noch und wollte nicht, aber der Fremde redete so nett mit

ihr, dass sie sich schließlich gern von ihm helfen ließ.

Als sie sich dem Dorf näherten, krähte schon der erste Hahn. Der Mann sagte: „Du tust mir noch nichts.“ Als der zweite Hahn krähte, geschah es ebenso. Kurz darauf ertönte der dritte Hahnenschrei. Der Mann fragte die Tagelöhnerfrau: „Nun muss ich gehen. Was gibst du mir dafür, dass ich dir das Mehl so weit getragen habe?“ Die Frau erwiderte: „Ich bin arm, ich kann dir nichts geben!“ – „Irgendwas kannst du mir doch geben“, meinte der Mann. – „Nichts anderes als vielen Dank und tausend Gotteslohn!“

„Gottlob und Dank“, rief der Mann freudig, „danach habe ich all die Jahre vergebens gesucht! Nun bin ich erlöst und kann endlich ruhig schlafen!“ Der Mann, der ein Geist gewesen war, verschwand und wurde nie wieder gesehen. (67)

Das graue Männchen bei Minzow

An einem Weg, der in der Nähe von Minzow an einem Waldrand entlang führt, begegnet jedem, der dort in der Morgendämmerung unterwegs ist, ein graues Männchen. Es eilt schnell an einem vorüber und sagt „Morgen, Morgen!“ Es ist der Geist eines hochmütigen Gutsbesitzers. Dieser hat zu Lebzeiten nie das freundliche „Guten Morgen“ erwidert, mit dem man ihn begrüßte. Er murmelte höchstens ein flüchtiges „Morgen!“. Zur Strafe muss er nun jedem Vorübergehenden sein „Morgen!“ zurufen. (70)

Der spukende Bürgermeister Hans Hörning

In Waren lebte einst der grausame Bürgermeister Hans Hörning. Die Leute fürchteten ihn sehr, denn er hatte kein Gewissen und beging täglich die gemeinsten Ungerechtigkeiten. Die Kunde von dem gewissenlosen Bürgermeister drang sogar bis zum Landesherrn. Dieser berief eine Kommission ein, um den pflichtvergessenden Bürgermeister zu bestrafen. Doch noch ehe die Kommission in Waren eintraf, war der grausame Hans Hörning plötzlich verstorben. Alles atmete auf und bald regierte in Waren wieder ein guter und gerechter Bürgermeister.

Nicht lange, nachdem man Hans Hörning begraben hatte, begann sein Geist, in der Stadt umherzuspuken und die Leute zu erschrecken. Besonders in seinem ehemaligen Haus in der Grünen Straße trieb er es so toll, dass es kein Mensch dort lange aushielt. Man unternahm alle möglichen Versuche, den Spuk auszutreiben, aber kein Geisterbanner schaffte es, den Quälgeist zur Ruhe zu bringen. Als man schon alle Hoffnungen aufgegeben hatte, drang die Kunde von einem tüchtigen Geisterbanner aus Sachsen nach Waren. Man bat ihn, nach Waren zu kommen und dem Spuk ein Ende zu setzen. Nachdem der Sachse in die Stadt gereist war, schlich er sich leise mit einem Sack in das Haus von Hans Hörning. Die Warener staunten nicht schlecht, als der Geisterbanner schon nach kurzer Zeit mit dem Geist des spukenden Bürgermeisters im Sack das Haus wieder verließ. Was sollte nun mit dem Geist geschehen? Man beschloss, ihn zum Schweinswerder zu bringen und dort für immer festzubannen. Der Schweinswerder ist ein Waldstück am Eldekanal, in der Nähe von Eldenburg. Dort zog der Geisterbanner einen Bannkreis, den Hans Hörning niemals verlassen darf. Damit sich der Geist nicht langweilt, wies ihn der schlaue Sachse an, Feuersteine zu klopfen. Da es in dieser Gegend auch heute noch viele Feuersteine gibt, ist es anzunehmen, dass der Geist dies fleißig getan hat. [68]

Spuk und wundersame Erscheinungen

Eine Sage schildert den Eintritt eines mystischen, unerklärlichen und wunderbaren Ereignisses mitten im Alltag. In den folgenden Sagen wird dieser Aspekt besonders deutlich. Viele Sagen erzählen vom nächtlichen Spuk auf einsamen Wegen, an Brücken oder Dorfscheiden. Wie muss sich ein Reisender gefühlt haben, der allein zu Fuß oder mit einem Fuhrwerk auf holprigen Straßen und Wegen nachts unterwegs war? Vor Orten, an denen es spukte, wurde gewarnt: „Dor is dat nicht richtig!" Der Werder am Tiefwarensee und die Feisneck bei Waren sind solche sagenhaften Spukstätten. Der Volkskundler Richard Wossidlo sammelte unzählige Sagen über diese Gebiete. Er vermutete, dass dort in der Vorzeit heilige Stätten existierten. Ob das so war, ist heute schwer nachzuweisen. Die Archäologen fanden jedoch bronzezeitliche Siedlungsspuren im Werder am Tiefwarensee. An der Feisneck wird die Existenz des slawischen Burgwalls zur Sagenbildung beigetragen haben. Die Burgwallinsel wurde noch bis in die 1940er Jahre gemieden. Ältere Warener erzählen noch heute, dass sie es in ihrer Jugend nicht gewagt hatten, die Burgwallinsel zu betreten. Da Schwimmer, die die Burgwallinsel erreichen wollten, sich immer in Schlingpflanzen verfingen, war man der Meinung, dieser Ort sei verhext.

Der Schimmelreiter

Die Sage vom Schimmelreiter war in Mecklenburg weit verbreitet. Richard Wossidlo konnte sie an 300 Orten nachweisen.

Zwei Leute haben einst im Sommer an der Feisneck geangelt. Plötzlich zeigte sich ein Reiter auf einem Schimmel. Er ritt durch die Schneise vom Teufelsbruch in Richtung Feisneck. Ohne zu versinken lenkte er sein Pferd über die Feisneck und verschwand schließlich auf der Burgwallinsel. (73)

Das Schloss im Werder bei Waren

Am Johannistag holte eine Frau aus den Seeblänken Holz. Als sie mittags durch den Werder zurückkehrte, sah sie eine Ringelnatter, die immer vor ihrem Karren herzog. Die Frau blickte auf und bemerkte, dass plötzlich alles um sie herum blitzte und glänzte. Vor ihren erstaunten Augen steht ein herrliches Schloss, umgeben von einem Park mit herrlichen Gängen und blühenden Rosensträuchern. Eine ganze Stunde karrt sie staunend um das Schloss herum. Als die Uhr eins schlägt, ist sie wieder dort angelangt, wo sie das Schloss zum ersten Mal erblickte. (71)

Unheimlich - Nebelschwaden im Klinker Wald

Der sprechende Zweig

Ein Arbeiter sieht im Werder an einem alten Baum einen abgehauenen Zweig stehen. Er nimmt ihn auf den Nacken und trägt ihn durch den Wald nach Hause. Doch je näher er der Stadt kommt, desto schwerer wird die Last. Schließlich ruft ihm eine Stimme zu: „Drääch mi wedder hen, wo du mi herhaalt hest!“ Das hat er dann auch angsterfüllt getan. (72)

Unwirklich - verwittertes Gehölz am Müritznationalpark

Pächter Berning in Nöten

Verfällt ein Mensch in Angstzustände, dann stockt ihm der Atem und es schnürt ihm die Kehle zu. So lässt sich möglicherweise die in ganz Europa verbreitete Aufhockersage erklären.

In den Tannen zwischen Sembzin und Poppentin war es früher nicht geheuer. Ein böser Geist trieb dort sein Unwesen und alle Reisenden fürchteten sich davor, diesen Wald zu durchqueren.
Eines Tages ritt der Pächter Berning mit seinem Pferd von Sembzin nach Poppentin. Als er durch den Wald kam, fühlte er, wie sich der Geist auf seine Schultern hockte. Dem Reiter stockte vor Schreck der Atem. Der Aufhocker wurde immer schwerer, schnürte dem Reiter die Luft ab und drückte ihn immer fester in den Sattel. Schweißüberströmt und ganz zerschlagen erreichte der Pächter Berning das Dorf Poppentin. In seiner Not wandte er sich an den früheren Pastor Stahlberg in Sietow. Dieser trieb den Geist schließlich mit Gesangbuch und Katechismus aus. Seitdem konnte man unbehelligt durch die Poppentiner Tannen reiten, denn der Aufhocker blieb für immer verschwunden. (74)

Auf geradem Wege - Waldweg bei Sietow

Das Licht bei Göhren-Lebbin

In der Umgebung von Göhren-Lebbin zeigt sich des öfteren ein seltsames Licht. Es war ein Feuerklumpen von der Größe eines Kopfes, der durch die Gegend schwebte. Das Licht wandert von Malchow über Penkow die Straße nach Göhren-Lebbin entlang. Wenn im Dorf gerade Menschen unterwegs sind, dann steht es vor der Dorfgrenze still über dem Acker. Ist das Dorf jedoch menschenleer, dann schwebt es geradewegs zum Schloss und umkreist es, als wolle es dessen Bewohner beobachten. Als in Göhren ein Herr von Grapen wohnte, ist das Licht zum ersten Mal gesehen worden. Vielleicht ist es die Seele der verstorbenen Tochter dieses Gutsherren. Die Nachricht von ihrem Tode sollte ein Bote an ein Klosterfräulein in Malchow überbringen. Auf seinem Weg dorthin wurde der Bote von diesem seltsamen Licht begleitet. Seit dieser Zeit kann man das Licht um das Dorf schweben sehen. (75)

Das Licht über dem Wasserloch bei Kargow

Am Mühlenberg in der Nähe von Kargow gibt es ein Wasserloch. Dort schwebt zuweilen ein gespenstisches Licht über dem Wasser. Die Leute erzählen, dass an dieser Stelle jemand umgebracht wurde, der mit dem Ritter vom Burgwall im Feisnecksee verwandt war. Der Ritter und seine Familie wurden verfolgt, sie mussten vom Burgwall fliehen. Der Ritter wurde hingerichtet und den letzten Flüchtling erschlug man am Wasserloch. Das Licht ist die Seele des Getöteten. [(76)]

Spuk an der Brücke

Bevor 1848 die Chaussee erbaut wurde, gelangten die Reisenden über Poppentin und südlich von Göhren-Lebbin von Waren nach Malchow. Zahlreiche Spuksagen bezeugen den Verlauf dieser historischen Wegeführung. Besonders viele Geister erschreckten die Reisenden an der Mandelbrügg, die heute nicht mehr existiert.

An einem Abzweig von der schönen Kastanienalle, die von Kirch Poppentin nach Göhren-Lebbin führt, liegt ein Soll, das Mandelsoll. Früher gab es hier eine Brücke, die Mandelbrügg genannt wurde. Jeder wusste, dass man diese Brücke in der Geisterstunde meiden sollte, denn dort war es nicht geheuer. Immer zwischen zwölf und halb eins stand an einer Seite der Brücke ein großes Kalb und an der anderen Seite ein Kerl, die sich anschauten und in dieser halben Stunde keinen über die Brücke ließen. Einst wollte ein Poppentiner Bauer abends nach Malchow. Es war schon kurz vor zwölf und er jagte seine Pferde, damit er noch vor der Geisterstunde die Brücke passieren konnte. Als sich sein Fuhrwerk auf der Brücke befand, sah er mitten auf dem Weg schon das Kalb kommen. Mutig trieb der Bauer die Pferde weiter voran und behielt seine Richtung bei. Das Kalb sprang zur Seite, aber dennoch schrammte und scheuerte der Wagen sich am Kalb entlang. Als der Bauer den Spukort hinter sich gelassen hatte und sich etwas verpustete, merkte er, dass seine neue Lederleine in tausend Stücke zerfetzt war. (77)

Der Kobold des Kutschers

Während die Zwerge, die „lütten Ünnerierdschen“, im Kollektiv leben, treten Kobolde in Sagen als Einzelwesen auf. Dieser Sagentyp weist große Ähnlichkeit mit den Sagen vom Klabautermann auf Schiffen auf.

Die Pferde eines Kutschers aus Kargow waren besonders schnell und ausdauernd unterwegs. Er konnte mit seinem Gespann meilenweit fahren, ohne dass die Pferde auch nur das geringste Zeichen von Müdigkeit zeigten. War da Zauberei im Spiel? Zumindest hat wohl ein kleiner Geist die Pferde tüchtig angespornt. Der Kutscher hatte nämlich einen Kobold. Dieser war, in ein Loch in der Deichsel eingesperrt, auf allen Fahrten des Pferdegespanns immer dabei. Sowie der Kobold in der Nähe der Pferde war, kamen diese in Bewegung. Blieb der Kobold gar nachts im Pferdestall, rumorten die Pferde die ganze Nacht und kamen nicht zur Ruhe. Einst hatte der Kutscher den Kobold mit in sein Haus genommen. Das ging überhaupt nicht gut, denn der Kobold hat die Frau des Kutschers tüchtig gepiesakt. (78)

Über Spuk soll man drei Tage nicht reden

Einige Ackerbürger aus Röbel gingen in der Erntezeit vom Feld nach Hause. Als sie an den Scheunen an der Chaussee nach Waren vorbeikamen, sahen sie eine Frau durch die Luft schweben. Sie sah ganz schwarz im Gesicht aus und schwebte den Kirchhofstieg entlang. Einer erzählte seiner Familie, was er gesehen hatte. Danach war er drei Tage sehr krank. Drei Tage soll man über den Spuk nicht reden, sagen die Leute. (79)

Die wilde Jagd und Fru Goden

In den früheren Jahrhunderten war die Vorstellung weit verbreitet, dass in der Nacht ein Totenheer durch die Lüfte zieht. Reisende, die im Herbst in unwegsamen Gebieten unterwegs waren, hörten oft ein rätselhaftes Jaulen und Brausen in der Luft. Man glaubte, dass diese Geräusche von den Jagdhunden und Pferden des wilden Jägers verursacht wurden. Im südöstlichen Mecklenburg existieren Sagen von einer Frau, die das Totenheer anführte. Fru Goden oder Fru Gaur trieb überwiegend in den Zwölften, in den zwölf Tagen zwischen dem 24. Dezember und dem 6. Januar, ihr Unwesen. Deshalb gab es in dieser Zeit besondere Regeln zu beachten. Die Leute hielten beispielsweise die Türen in Haus und Stall geschlossen, damit Frau Goden nicht durch die Gebäude hindurchjagen konnte. Es wurde auch vermieden, in den Zwölften Wäsche zu waschen, denn man glaubte, dass jemand aus der Familie im Laufe des Jahres sterben musste, wenn Frau Goden Wäsche hängen sah.
Es gibt verschiedene Theorien über die

Herkunft des Sagenkreises von der wilden Jagd. Diese Sagen sind sehr alt und haben wahrscheinlich ihren Ursprung in der germanischen Sagenwelt. Eine naturwissenschaftliche Erklärung liegt nahe. Die Vorstellung des brausenden Totenheeres in der Luft könnte durch den Zug der Wildgänse und Kraniche im Herbst entstanden sein. Wer einmal als einsamer Pilzsammler im Wald das Schnattern der Wildgänse oder das laute Trompeten der Kraniche gehört hat, der wird durchaus an jaulende Jagdhunde oder den fernen Hörnerklang eines Jagdzuges erinnert.

Der wilde Jäger

Der wilde Jäger zieht auf einem weißen Pferd umher und wird von vielen Hunden begleitet. Er hat keinen Kopf. Wen er durch die Gegend zieht, gibt es ein lautes Spektakel, was die Leute erschreckt.

Ein Graf liebte die Jagd über alles. Selbst an Sonn- und Feiertagen zog er zur Jagd. Dabei war er sehr rücksichtslos und rannte alles um, was sich ihm in den Weg stellte. Als er wieder einmal an einem hohen Festtag durch die Landschaft jagte, traf er auf eine Herde Kühe. Der Hirt bat ihn, die Tiere nicht zu erschrecken, es seien auch die Kühe der Tagelöhner dabei. Doch der Graf nahm keine Rücksicht, er preschte durch die Herde und trampelte sie nieder. Sofort jagte er in die Luft hinein und muss nun bis in alle Ewigkeit dort ziellos umherjagen.

In Melz war es ein Herr von Zepelin, der zu Beginn des 18. Jahrhunderts die Melzer Güter verwaltete. Er zieht mit seinem Gefolge noch heute durch die Luft und versetzt die Leute in Angst und Schrecken. Einmal prallte die wilde Horde gegen den Kambser Kirchturm, seitdem ist dieser ganz schief. (80)

Könige der Lüfte - Kraniche im Müritznationalpark

Die wilde Jagd zieht über das Land

In Vipperow wollten Vater und Sohn einst Holz holen. Auf einmal zog die wilde Jagd über sie hinweg, es hörte sich wie Kettengerassel an.

In den Kirchentannen bei Waren sahen zwei Arbeiter eine Kutsche, darin saß ein Kerl mit einem breiten Hut. Die Jagdhunde haben „kliffklaff, jickjack“ gerufen.

Ein Nachtwächter aus Waren ist im Wald der wilden Jagd begegnet. Da kam eine Stimme aus der Luft: „Preihn, setz dich hinter'n Stein, dass dich meine Hunde nicht zerreißen!“

Die wilde Jagd zog auch durch Häuser hindurch. In Kisserow soll sie durch eine Scheune gefahren sein. Dabei blieb ein Hund als Lehmklumpen liegen. Ein Jahr später kam die wilde Jagd wieder, der Lehmklumpen verwandelte sich zurück in einen Hund und zog mit der wilden Horde fort.

Wenn die wilde Jagd unterwegs war, dann blieben die Jäger zu Hause. „Wi kriegen kein Wild mihr to seihn hüt“, sagten sie. [81]

Die wilde Jagd in Ludorf

An der Müritz herrschen oft starke Stürme. In Ludorf war bei einem solchen Sturm die Windmühle in vollem Betrieb. Da kam zu dem Müller eine Jägerin von der wilden Jagd. Sie befahl ihm, sofort die Mühle anzuhalten, damit sie von der wilden Jagd überflogen werden kann. Der Müller kümmerte sich nicht darum und mahlte weiter. Da flog plötzlich ein abgehacktes Männerbein in die Mühle. Den Müller packte nun doch die Angst, er hielt schleunigst die Mühle an. Nun ging die wilde Jagd über den Ort. (82)

Der wilde Jäger und der Beerensammler

Ein Warener wollte auf dem Feld Beeren sammeln. Auf einmal kam ein Reiter durch die Luft und fragte ihn, was er dort suche. Er sagte, dass er Beeren sammeln will. Der Reiter befahl ihm, er solle sofort seinen Schimmel beschlagen. „Dat kann ick nich“, sagte der Beerensammler. Doch der Reiter duldete keine Ausreden. Er hatte Handwerkszeug und Hufeisen dabei und zwang den Beerensammler, den Schimmel zu beschlagen. Danach befahl er ihm, den Pferdemist aufzusammeln, den der Schimmel fallengelassen hatte. Der Beerensammler eilte nach Hause und schüttete den Pferdemist unterwegs weg. „Na, hest du Beeren mitbröcht?“ fragte seine Frau. „Ach wat, ‘n poor Pierkoetel heff ick krägen!“, erzählte er ihr. Doch als er in seinen Sack schaute, sah er einen doppelten Taler, der in einer Ecke hängen geblieben war. Schnell ging er zurück auf das Feld, um den Pferdemist zu suchen, den er weggeschüttet hatte. Doch es war nichts mehr zu finden. (83)

Goldenes Glück - Herbstspaziergang an der Feißneck

Nu mütste ok met fräten!

Fru Goden zog über Zielow hinweg. Einer stimmte in das Gejaule der Jagdhunde mit ein. Da flog plötzlich ein Bein durch das Fenster herein, an dem sogar noch der Strumpf saß. Eine Stimme rief: „Heste met jucht't, nu mütste ok met fräten!“ (84)

Fru Goden und der übermütige Bauer

Ein Bauer aus Wredenhagen fährt abends nach Hause. Da kommt Fru Goden angezogen. Er steigt vom Wagen und stellt sich zu ihren Pferden, die ganz scheu werden. Sie ziehen an ihm vorüber, gefolgt von den Jagdhunden. Als der Zug fast vorbei ist, haut er mit seiner Peitsche einen von den kleinen Hunden. Doch das ist dem übermütigen Bauern übel bekommen. Er hatte einen ganz dicken Kopf und musste zwei Wochen das Bett hüten, ehe er wieder gesund wurde. (85)

Fru Goden am Kreuzweg

Manchmal verirrt sich Fru Goden in der Nacht und gerät an einen Kreuzweg. Das ist ihr überhaupt nicht recht, denn eigentlich meidet sie Kreuzwege, weil sie ihr gefährlich werden können.
Ein Knecht aus Boek wurde einmal nachts von Fru Goden geweckt. Sie bat ihn um Hilfe, denn am Kreuzweg war ihr ein Rad vom Wagen abgebrochen. Der Knecht machte das Fuhrwerk wieder flott. Als Dank für seine Mühe befahl sie ihm, sämtliche Häuflein aufzusammeln, die ihre Begleiterinnen fallengelassen hatten. Der Knecht wurde unwillig, aber Fru Goden versicherte ihm, dass das Geschenk nicht so wertlos war, wie es aussah. Einige Häuflein sammelte er auf. Bei Tagesanbruch staunte er nicht schlecht, denn alles, was er aufgesammelt und in seine Taschen gesteckt hatte, war zu Gold geworden. (86)

Hexensagen

Die Erzählungen über Hexen und Menschen, die „mehr können“, waren in Mecklenburg noch um 1900 sehr verbreitet. Richard Wossidlo sammelte 2080 Hexensagen.
Sehr schlimm war es, wenn jemand unter Verdacht geriet, eine Hexe zu sein. Solche Menschen wurden von ihren Nachbarn gemieden.
Viele Sagen erinnern an die grausame Zeit der Hexenverfolgung. Wer zu dieser Thematik mehr erfahren möchte, ist im Museum für Alltagsmagie und Hexenverfolgungen in Mecklenburg in Penzlin herzlich willkommen.
Die Menschen glaubten, dass Hexen mit dem Teufel verbündet sind. Man versuchte, sich mit zahlreichen Abwehrmitteln vor Hexen zu schützen. Der Gebrauch der Kräuter Dill, Kreuzdorn und Dost konnte Hexen davon abhalten, Böses zu tun. Man hängte diese Kräuter auch in die Ställe, um das Vieh zu schützen.

Die Hexe von Melz

In Melz ist am 2. Mai 1688 eine Hexe verbrannt worden. Durch sie kamen viele Leute ums Leben, zuletzt ihr eigener Sohn. Sieben Jahre lang hinderte sie den Grafen Knuth, der sich in Dänemark aufhielt, daran, nach Hause zu kommen. Sie hatte seine Pferde so verhext, dass sie scheuten, wenn sie die Melzer Dorfgrenze erreichten. Schließlich fuhr der Graf mit einem Ochsengespann in Melz ein, den Ochsen konnte die Hexe nichts tun. Als die Hexe schließlich verbrannt werden sollte, schloss man sie an einen Pfahl und entzündete das Feuer. Die Hexe brannte nicht. Man sah Rotjack auf einem Schimmel um das Feuer herumjagen. Die Hexe rief ihm zu: „Rotjack, verlass mich nicht!“ Da schlug ihr der Henkersknecht mit dem Feuerhaken ins Gesicht. Sofort verschwand Rotjack, der teuflische Geselle. Die Hexe verbrannte und man sah drei rote Mäuse aus dem Feuer hervorkommen. Bald erinnerte nur noch ein Häuflein Asche an das böse Weib. [87]

Werwölfe in Sembzin

In Sembzin lebte früher eine Schäferin, die einen Wolfsriemen hatte. Wenn sie sich diesen umschnallte, verwandelte sie sich in einen Wolf. Dann lief sie zu den Herden der anderen Schäfer, biss die Schafe tot und trug sie nach Hause. Ihrer Familie servierte sie immer den köstlichsten Hammelbraten. Einst hütete sie ihre eigenen Schafe und hatte dabei den Wolfsriemen in der Hand. Ihr Sohn entriss ihr den Riemen und streifte ihn sich über. Sie erschrak und flehte ihn an, er solle sich und die Familie nicht ins Unglück stürzen. Doch es half nichts. Er verwandelte sich in einen Wolf und biss die meisten Tiere aus der eigenen Herde tot. Dann verschwand er im Wald und ward nie wieder gesehen. (89)

Der Hexerei verdächtigt

Unter der Alten Burg Penzlin befindet sich der so genannte Hexenkeller. Hier sollen Frauen und Männer, die der Hexerei verdächtig waren, gefangen gehalten worden sein. Angekettet in kleinen Nischen mussten sie hier auf Folter und Tod warten. Der letzte Verurteilte soll ein Kuhhirte gewesen sein, der die Kühe des Herrn von Maltzan gehütet hatte. Als sich eines Tages Blutstreifen in der Milch der Kühe zeigten, klagte ein böses Weib den Hirten als Verhexer an. Obwohl der Hirte seine Unschuld beteuerte, wurde er zum Feuertod verurteilt. Bevor das Feuer ihn verschlang, sagte er, dass Gott seine Unschuld ans Licht bringen werde.

Am nächsten Morgen wuchsen vor dem Burgtor drei wunderschöne Blumen von einer Art, die noch nie jemand gesehen hatte. (88)

Sagenumwoben - Alte Burg Penzlin

Die Hexe als Hase

Der Hase wurde oft als Hexentier bezeichnet. Laut Wossidlo gab es in fast jedem Dorf Mecklenburgs die Sage von der Hexe, die sich in einen Hasen verwandeln konnte. Die Leute glaubten, dass man eine Hexe unschädlich machen kann, wenn man mit einer Kugel aus ererbtem Silber (Erbsilber) auf sie schießt.

Als der Förster Kleinkamp auf dem Forsthof Sietow wohnte, saß in der Nähe des Hofes immer ein dreibeiniger Hase. Oft hatte der Förster versucht, den Hasen zu erlegen, aber es wollte ihm nicht gelingen. Eines Tages lud er seine Flinte mit Erbsilber. Er schoss und der Hase verschwand. Kurz danach hörte der Förster hinter einem Dornbusch ein Winseln und Jammern. Er schaute nach und sah eine alte Frau, die sich ihr blutendes Bein verband. „Wat fehlt di?", fragte er. „Ach Gott, Herr Förster", sagte sie, „ick heff mi 'n grotes Loch in den Duurnbusch stött!" Die Alte konnte hexen. (90)

Wenn die Hexen tanzen

Auf dem Stahlberg in der Nähe von Penzlin tanzen die Hexen. Der alte Graupmann hat für einen Ackerbürger gearbeitet. Damals war es üblich, dass die Pferde nachts in die Wiesen an den Stadtsee gebracht wurden. Eines Nachts in der Mitternachtsstunde lag der alte Graupmann am See und beobachtete die Pferde. Auf einmal erhob sich ein seltsames Getöse. Viele Leute kamen auf den Berg geritten, aber nicht auf Pferden, sondern auf Eisenstangen und Besenstielen. Als sie oben ankamen, war der Berg hell erleuchtet. Es ertönte eine merkwürdige Musik aus Schellenklängen. Die Hexen tanzten in der Luft und auf dem Berg, Es kam auch eine sonderbare Kutsche aus dem Dornengestrüpp am See angefahren. Sechs Gössel zogen einen ausgehöhlten Kürbis den Berg hinauf, auf dem Kreuzduus, der Anführer, saß. Kreuzduus nahm die Parade ab und rief alle Hexen beim Namen. Das ganze Kartenspiel war versammelt, zweiunddreißig Mann. Nur eine Frau gehörte dazu. Weil sie sich verspätet hatte, musste sie als Leuchter für dieses Spektakel dienen. Das Licht wurde ihr auf das Hinterteil gesteckt. Als es ein Uhr schlug und die Geisterstunde vorüber war, löste sich der Spuk in Luft auf.

Der Arbeitsmann Graupmann hatte die ganze Zeit am See gelegen und vor Angst gezittert. Die Haare standen ihm so zu Berge, dass sie ihm die Mütze anhoben. Als alles vorbei war, ging er auf den Berg, um zu schauen, ob dort irgendetwas zu sehen war, was die Hexen vergessen hatten. Aber nichts außer dem niedergetretenen Gras erinnerte an den unheimlichen Vorfall. „Du lüggst jo!“, riefen die Jungen, als Graupmann ihnen das erzählte. „Denn will ik hier starben, wenn dat nich wohr is“, sagte der Alte. (95)

Die Hexe und die Gössel

Eine alte Frau, die als Hexe galt, kam in das Dorf Speck. Dort sah sie sich die Gössel an, die auf der Dorfstraße umherliefen, und sagte: „Gott sägen s'." Irgendetwas anderes hat sie wohl auch noch gemurmelt, denn danach lagen die Gössel alle auf dem Rücken. Die Leute baten die Hexe, es wieder rückgängig zu machen. Die Hexe meinte, man solle einen verstümmelten Besen nehmen, damit die Gössel hin und her schieben und dabei sagen „rut, rut, rut!" Dann würden die Gössel wieder lebendig werden. (92)

Die Hexe Mareilies'

In Klink gab es eine Hexe namens Mareilies'. Einst verprügelte der Enkel der Hexe einen Jungen aus dem Dorf. Dessen Bruder eilte herbei und haute dem Schläger das Fell voll, damit er von dem Jungen abließ. Schnell liefen die Brüder nach Hause, an Mareilies' vorbei, die das Geschehen von der Tür aus beobachtet hatte. Die Mutter erschrak, denn der Junge, der seinen Bruder verteidigt hatte, war plötzlich verlaust. An seinem Ohr saß ein ganzer Klumpen voller Läuse. Schnell riss der Junge den Klumpen ab und warf ihn in das Kaminfeuer. Die alte Mareilies' hatte sie ihm angehext. (91)

Zauberhafter Ort am Müritzufer - Schloß Klink

Die Butterhexe

Zwei Frauen gingen einst von Varchentin nach Waren. Als sie durch Sorgenlos kamen, saß eine Frau am Straßenrand und butterte. Die eine Frau fragte ihre Weggefährtin: „Wollen wir Butter mitnehmen?" - „Wie soll denn das gehen ohne Gefäß?", antwortete die andere. Sie gingen weiter. Nach einer Weile kam ein großer, weißer Teller mit Butter angeflogen. Die Frauen nahmen ihn mit und verkauften die Butter auf dem Warener Markt. Als sie wieder zurückgingen, saß die Butterhexe immer noch auf der Dorfstraße von Sorgenlos und butterte. (93)

Nächtlicher Katzenspuk in der Hellmühle bei Klocksin

Die Hellmühle bzw. Hellermühle befand sich in einem Waldgebiet nördlich von Klocksin, in der Nähe eines gepflasterten Landweges, der von Klocksin nach Dahmen führte. An die einstige stattliche Wassermühle erinnern heute nur noch ein paar Steine des Fundaments an einem kleinen Wasserfall. In seinem Werk „Mecklenburgische Sagen" schrieb Richard Wossidlo: „Außerordentlich zahlreich sind die Sagen von Mühlen, in denen Hexen in Katzengestalt ihr Wesen treiben. Am häufigsten habe ich von der Hellmühle (Hexenmoehl) in Klocksin erzählen hören. Die Sage ist erloschen oder doch stark verblaßt, seitdem die Mühle abgebrannt ist." In Wossidlos Zettelkästen fanden sich über 40 Varianten dieser Sage, erzählt von Gewährsleuten und Beiträgern aus ganz Mecklenburg. Somit gehört sie zu den bekanntesten Sagen Mecklenburgs. Erstmals veröffentlicht wurde sie 1879 durch Karl Bartsch.

Der Grund, weshalb die Sage so häufig erzählt wurde, ist wohl die tatsächlich erfolgte Lieferung des „Hexenkorns" am Morgen des Johannistages von Klocksin nach Bellin.

In der Hellmühle, die zum Gut Klocksin gehörte, wollte sich kein Knecht verdingen. Überall in Mecklenburg wusste man zu berichten, dass es in der Mühle nicht geheuer sein soll. Bisher hatte kein Knecht seinen Dienst in der Mühle überlebt. Alle Mühlenknechte sind morgens tot in ihrem Bett gefunden worden.

Der Müller klagte sein Leid dem Belliner Pastor. Dieser war ein weithin geachteter Teufelsbanner. Er riet, abends im Zimmer der Knechte ein großes Feuer zu machen und einen Bannkreis um das Feuer zu ziehen. Mehrere Knechte sollten sich unter dem Bett versteckt halten. Nachdem alle diese Vorkehrungen getroffen worden waren, nahte die Geisterstunde. Genau um Mitternacht erschien eine große Katze in der Stube der Mühlenknechte. Sie versuchte, über das Feuer zu kommen, aber vergebens. Sie konnte nicht in den Bannkreis gelangen. Als sie noch miauend vor dem Bannkreis saß und mit den Pfoten in das Feuer langte, schlich einer der Knechte leise heran. Er hatte sich mit einem Beil bewaffnet und schlug der Katze die Pfote ab. Schreiend floh sie aus der Mühle. Als sich die Knechte die abgehauene Pfote näher anschauten, verwandelte sich diese in eine Menschenhand, an der der Ring der

Gutsherrin steckte. Die Gutsherrin siechte von nun an dahin und starb bald darauf. Der Katzenspuk war gebannt und kam nie wieder.

Als Dank für den guten Rat des Belliner Pastors lieferte die Hellmühle in jedem Jahr am Morgen des Johannistages 24 Scheffel Roggen an die Kirche in Bellin. Südlich der Hellmühle lag eine Quelle mit dem Namen „MudderWitsch ehr'n Born". Das Wasser dieser eisenhaltigen Quelle war rot. Vielleicht ist es diesem merkwürdigem Anblick zu verdanken, dass die Quelle allgemein als Spukort gefürchtet wurde. Das Fuhrwerk, welches das so genannte „Hexenkorn" von der Hellmühle nach Bellin brachte, musste die rote Quelle am Johannistag schon vor Sonnenaufgang passiert haben. Wie man Richard Wossidlo glaubhaft versicherte, erfolgte die Lieferung des Hexenkorns so lange, bis die Mühle vor 1900 abbrannte. (94)

Teufelssagen

Richard Wossidlo schrieb 1939 in seinem Sagenbuch: „Mir liegen 1729 Teufelssagen aus Mecklenburg vor; es ist schwer, die verwirrende Fülle zu ordnen. Es ist das große Sammelbecken, in welchem Anschauungen heidnischer und christlicher Art zusammenflossen." Im Mecklenburgischen Wörterbuch Wossidlo/Teuchert künden allein 11 Seiten mit Redensarten, Bräuchen, Abwehrmitteln, Sagen und Legenden von der Gegenwart des Teufels im alltäglichen Gedankengut der Mecklenburger.

Der Teufel ist in der mecklenburgischen Sage nicht immer gefährlich. Mit Bauernschläue gelingt es den Menschen oft, ihn zu überlisten. Teufelsbündner, die Gefahr laufen, ihre Seele zu verlieren, können sich oft, wie der Kuhhirte und der Fischer in den folgenden Sagen, in letzter Minute retten. Wenn doch einmal ein böser Mensch vom Teufel geholt wird, dann freut sich das Volk über die ausgleichende Gerechtigkeit. „Wenn n Gizhals dot blifft, freugen sick vier: sin Arben, sine Schuldners, de Köster un de Düwel!"

Gespenstisch - Sonnenaufgang an der Feißneck

Wie der Erddamm zwischen Vietzen und Vipperow entstand

Ein Kuhhirte aus Vipperow musste seine Herde immer an der Müritz entlang treiben. Eines Abends wurde ihm diese Strecke zu langweilig. Er wünschte sich nichts sehnlicher, als auf die andere Seite der Müritz zu gelangen, denn dort gab es viele fette Weiden für sein Vieh. Als er schimpfend und fluchend die Kühe vor sich her trieb, begegnete ihm der Teufel. Er bot dem Hirten an, einen Damm durch den See zu bauen. Ehe am nächsten Morgen der Hahn krähte, sollte der Damm stehen. Als Gegenleistung sollte er dem Teufel das geben, was ihm zuerst begegnet, wenn er nach Hause kommt. Der Hirte dachte an seinen Hund, der ihn immer als erstes freudig begrüßte, und willigte ein. Als der Kuhhirte heimkam, rannte ihm seine kleine Tochter entgegen. Nun war guter Rat teuer, denn sein Kind wollte er natürlich nicht hergeben. Die ganze Nacht rannte der verzweifelte Mann auf der Dorfstraße umher und krähte aus Leibeskräften. Endlich stimmte kurz vor Mitternacht ein Hahn ein. Damit war das Kind gerettet, denn der Teufel konnte den Vertrag nicht erfüllen. Als der Hirte am nächsten Morgen an den See kam, fand er einen halbfertigen Damm vor. Die Dorfbewohner haben ihn später vollendet. (96)

Der Anker in der Linde

Natürlich sind die Ursprünge des Namens Ankershagen nicht so wundersam, wie sie in der Sage beschrieben werden. Der Name geht wahrscheinlich auf das Rittergeschlecht von Anker zurück. Ein Mitglied dieser Familie, Ecgehardus von Anker, ist 1266 als Zeuge in der Stiftungsurkunde der Kirche erwähnt. Der Anhang –hagen ist allgemein typisch für Rodungsdörfer.

Vor dem Pfarrhaus in Ankershagen, in dem sich heute das Heinrich-Schliemann-Museum befindet, steht eine prächtige Linde. An sie knüpft sich die folgende Sage.

Einst hatte ein Fischer seine Seele dem Teufel verschrieben. Er war sehr arm und hoffte durch den teuflischen Pakt auf ein besseres Leben. Dies war ihm nicht vergönnt, denn die Nacht, in der die Seele des Fischers dem Teufel verfallen sollte, rückte immer näher. Voller Angst band sich der Fischer am Abend vor der verhängnisvollen Nacht an seinen Anker. Er hoffte, dass es dem Teufel zu schwer würde, ihn mit dem Anker fortzutragen. Doch er irrte sich. Mit Leichtigkeit trug der Teufel den Fischer samt Anker davon. Als sie an der Linde vorbeisausten, verhakte sich der Anker im mächtigen Stamm des Baumes. So sehr der Teufel auch zog und zerrte, gelang es ihm nicht, den Anker aus dem Holz zu ziehen. Als der Morgen graute, musste der Teufel weichen. Damit war der Fischer gerettet.

Das Dorf, in dem dies geschah, wurde von nun an Ankershagen genannt. In der Kirche des Dorfes erinnert ein kleiner Anker an einer alten Tür an diese Geschichte. (97)

Der Teufel an der Havelbrücke

In einer dunklen Silvesternacht fuhr ein Bauer, der etwas über den Durst getrunken hatte, von Dalmsdorf nach Granzin. Als er in die Nähe der Havelbrücke kam, wurden seine Pferde vor etwas ungewöhnlich scheu und gingen durch. Erst im Sumpf vor der Havel kamen sie zum Stehen. Der Bauer hatte die Richtung verloren und wusste nicht ein noch aus. Sein Wagen steckte so tief mit den Rädern im Morast, dass er sich nicht bewegen ließ. In dieser Not erschien ein Mann und bot dem Bauern seine Hilfe an. Er sagte, den Wagen mit Pferd wolle er gern wieder auf den Weg bringen, verlangte aber dafür des Bauern Seele. Der Bauer versprach sie ihm in seiner Trunkenheit. Der Fremde ging an die Arbeit und nach einiger Zeit standen Pferd und Wagen auf dem richtigen Weg. Der Bauer fuhr nach Hause und vergaß das Erlebnis bald. Doch nach einiger Zeit erschien nachts der Teufel und holte sich die versprochene Seele. (98)

Teufel, halte dieses Tier

Einst kam ein Knecht des Grafen von Hahn nach Klink. Dort wollte er sein Pferd beschlagen lassen. Doch es war so wild, dass keiner es bändigen konnte. Da kam ein fremder Handwerksgeselle des Wegs, welcher sich gerade auf Wanderschaft befand. Er sprang um das Pferd herum und murmelte dabei einen Spruch. Schließlich brach das Pferd schweißtriefend zusammen und hielt still. Ein Schneiderlehrling hatte die Szene beobachtet. Voller Bewunderung lief er dem Gesellen nach und fragte, ob er ihn den Spruch lehren könne. Der fremde Geselle sagte dem Schneiderlehrling die folgenden Worte:

„Teufel, halte dieses Tier,
ich geb' dir Leib und Seel' dafür."

Den Schneiderlehrling packte die Angst, und er lief davon, so schnell er konnte. [(99)]

Tanz am Karfreitag

In Waren haben einst am Karfreitag junge Leute getanzt. Da ist ein großer Herr im braunem Tuchrock gekommen. Er mischte sich unter die Tanzenden und fand bald Tanzpartnerinnen. Doch immer dort, wo er seine Tänzerinnen berührte, verbrannten die Kleider der schönen Frauen. Zuletzt fuhr er mit der tollsten Tänzerin ab in die Hölle. (100)

Der Teufel in der Dambecker Kirche

Als die Dambecker Kirche erbaut wurde, sollte sie ausgemalt werden. Die Maler wollten auch den Teufel abbilden. Die Leute wünschten sich, dass der Teufel auf den Bildern so richtig gefährlich aussehen möge, damit jeder vor ihm gewarnt werde. Der Meister wollte nicht so recht ran, aber der Malerbursche machte sich ans Werk. Er malte einen grässlichen Teufel an die Kirchenwand. Die Leute waren zufrieden, aber der Bursche wollte den Teufel noch grässlicher malen. Da kam der Teufel zu dem Burschen und sagte zu ihm, er solle ihn nicht böser abbilden, als er in Wirklichkeit ist. Er packte den Burschen an den Ohren und fuhr mit ihm ab. Das Loch in der Wand soll noch heute zu sehen sein. (101)

Die Wette

Gott und Teufel wetten, wen die Knechte lieber mögen. Gott verspricht dem Teufel die Seelen der Knechte, falls diese den Teufel bevorzugen, „so wahr as de Bööm in'n Winter dat Lauw verlieren!"

Danach gehen Gott und Teufel zum Acker und schauen zu, wie die Knechte pflügen. Wie staunte Gott, als er die Knechte immer nur vom Teufel reden hörte! Die Knechte riefen beim Pflügen ihren Pferden zu: „Täuw, oll Düwel!" und „Wist rüm, oll Düwel!"

Doch die Seelen der Knechte will Gott nicht hergeben. Er richtet es so ein, dass die Eichen und Buchen im Winter das Laub behalten. So wird der Teufel die Seelen der Knechte niemals bekommen. (102)

Gottesgabe - Winterlandschaft am Eldekanal

ORTSREGISTER

In diesem Register sind die Handlungsorte der Sagen alphabetisch aufgeführt. Das Register bezieht sich auf die Nummern, die sich am Ende jeder Sage befinden. Verzeichnet werden hier Ortsnamen, Flurnamen und Namen von Seen. Es sind nur die Handlungsorte aufgelistet, die anhand aktueller Wanderkarten auffindbar sind. Wenn sich die Handlungsorte einzelner Sagen nicht genau lokalisieren lassen, dann ist der nächstgelegene Ort genannt.

Alt Schwerin 26
Ankershagen 9, 56, 97
Boek 86
Dahmen 94
Dalmsdorf 98
Dambeck 12, 101
Deven 39
Domherrenhagen 64
Eldekanal 68
Federow 34
Feisneck 6, 24, 53, 57, 73
Fleesensee 27, 28
Ganzlin 12
Göhren-Lebbin 61, 75, 77
Granzin 98
Heisterstein 54
Hinrichsberg 69
Hinrichshof 67
Jabel 31, 66
Kamerun 23
Kargow 7, 76, 78
Kirch Poppentin 77
Kisserow 81
Klink 33, 50, 91, 99
Klockow 7
Klocksin 94
Krümmel 15
Lehsten 51
Ludorf 11, 82
Malchow 5, 44, 45, 49
Melz 16, 52, 80, 87
Minzow 14, 60, 70
Mollenstorf 48
Müritz 20, 21, 22, 23, 30
Nossentin 17
Penzlin 4, 51, 88, 95
Plau 5, 10, 46
Plauer See 5, 12, 26
Poppentin 74
Priesterbäker See 59
Rambow 64
Rethra 2, 3, 4
Röbel 1, 11, 13, 14, 63, 65, 79
Schloen 58
Schloß Grubenhagen 38
Schwarzer See 29
Sembzin 74, 89
Sietow Dorf 62, 69
Sietow (Forsthof) 32, 90
Sorgenlos 93
Speck 92
Steinhorn 21
Stuer 40
Tiefwarensee 25, 36, 71, 72
Tollensesee 2
Torgelow am See 54
Ulrichshusen 8
Untergöhren 27
Vietzen 96
Vipperow 81
Wackstower See 55
Waren 6, 18, 19, 22, 23, 25, 37, 68, 81, 83, 100
Wredenhagen 67, 85
Zislow 84

LITERATURVERZEICHNIS

Bartsch, Karl: Sagen, Märchen und Gebräuche aus Mecklenburg. Bd.1 u.2. Wien 1879 ; Nachdruck Hildesheim 1978

Beckmann, Paul: Die Rethra-Sagen in Mecklenburg. in: Deutsches Jahrbuch für Volkskunde. Berlin 5(1959) S. 44 - 73

Doughty, H. M.: Mit unserer Norfolk-Jolle durch wendisches Land. Neubrandenburg 1998

Fromm, Ludwig; Struck, Carl: Die Müritz. in: Archiv für Landeskunde 14(1864)S. 1-48

Fromm, Ludwig; Struck, Carl: Die Wasserbecken des Cölpin-, des Fleesen-, des Malchower und des Petersdorfer Sees. in: Archiv für Landeskunde 15(1865)S. 129 - 169

Das große Wossidlo-Lesebuch. Hrsg. von Susan Lambrecht, Gerd Richardt und Christoph Schmitt. Rostock 2009

Günther: Meklenburgische Volkssagen und Volksaberglaube. in: Jahrbücher für meklenburgische Geschichte und Alterthumskunde 8(1843)S. 202-212

Handwörterbuch des deutschen Aberglaubens. Bd.1–10, Berlin ; Leipzig 1927–1947. Nachdruck Berlin 2000

Hilse, Rainer: Ankershagener Sagen. Ankershagen 1996 (Mitteilungen aus dem Heinrich-Schliemann-Museum Ankershagen ; 4)

Klüver, Hans Heinrich: Beschreibung des Herzogthums Mecklenburg und dazu gehöriger Länder und Oerter. Hamburg 1737–1740

Kniesz, Jürgen: Was war wann: Daten zur Warener Stadtgeschichte. Waren 2000 (Chronik: Schriftenreihe des Warener Museums- und Geschichtsvereins ; 20)

Kuhn, Adalbert; Schwartz, Wilhelm: Norddeutsche Sagen, Märchen und Gebräuche aus Mecklenburg, Pommern, der Mark, Sachsen, Thüringen, Braunschweig, Hannover, Oldenburg und Westfalen. Leipzig 1848

Lambrecht, Susan: Mitunner is wat in de Welt: Sagen aus der Region zwischen Müritz und Plauer See. Waren 2001 (Chronik: Schriftenreihe des Warener Museums- und Geschichtsvereins ; 22)

Lambrecht, Susan: Mitunner is wat in de Welt: Sagen aus der Region zwischen Nossentiner Heide und Torgelower See. Waren 2003 (Chronik: Schriftenreihe des Warener Museums- und Geschichtsvereins ; 25)

Lambrecht, Susan: Mitunner is wat in de Welt: Sagen aus der Region zwischen Müritz-Nationalpark und Tollensesee. Waren 2009 (Chronik: Schriftenreihe des Warener Museums- und Geschichtsvereins ; 30)

Lambrecht, Susan: Müritz Mecklenburgisches Großseenland: Sagen und Geschichten. Schwerin 2002

Lambrecht, Susan: Mystisches Zirzipanenland. Boddin 2007

Das Müritzgebiet: Ergebnis der landeskundlichen Bestandsaufnahme im Raum Waren, Klink, Federow und Speck. Weimar 1999

Neumann, Siegfried: Plattdeutsche Legenden und Legendenschwänke. Berlin 1975

Neumann, Siegfried: Sagen aus Mecklenburg. Augsburg 1998

Niederhöffer, Albert: Mecklenburg's Volkssagen. Bd.1–4, Leipzig 1858 – 1862 ; Nachdruck Bremen; Rostock. 1998

Raabe, Wilhelm: Mecklenburg: ein Jahrbuch für alle Stände. Hamburg 1846

Schmitt, Christoph: „Archäologische“ Sagenforschung und „sagenhafte“ Archäologie auf der Suche nach slawisch-deutschen Kulturkontakten. in: Bodendenkmalpflege in Mecklenburg-Vorpommern 51 (2003), S. 243-264

Szczesiak, Rainer: Auf der Suche nach Rethra. Die „Prillwitzer Idole". In: Schriftenreihe des Regionalmuseums Neubrandenburg; 39. 2., überarb. Aufl. 2006)

Studemund, Friedrich: Mecklenburgische Sagen. 2., verb. u. verm. Aufl. Schwerin 1848

Wossidlo, Richard: Mecklenburgische Sagen. Bd.1–2. Rostock 1939

Wossidlo, Richard: Röbeler Sagen. in: Das alte Röbel: ein Gedenkbuch zur 700 Jahrfeier. Rostock 1926; Nachdruck Röbel 1992

Wossidlo, Richard: Sagen aus Waren und seiner Umgebung. in: Führer von Waren am Müritzsee. Waren 1929

Wossidlo, Richard: Tiere im Munde des Volkes. Wismar 1899

Wossidlo, Richard: Volkssagen von Malchow. in: Mecklenburgische Monatshefte 11(1935)

Wossidlo, Richard: Volkssagen über Rethra. in: Korrespondenzblatt des Gesamtvereins der deutschen Geschichts- und Altertumsvereine 57(1909)

Wossidlo, Richard: Von de lütten Ünnerierdschen. Rostock 1925

Wossidlo/Teuchert: Mecklenburgisches Wörterbuch. Lfrg.1-70

Wossidlo-Archiv (Wossidlo-Forschungsstelle für Volkskunde / Europäische Ethnologie der Universität Rostock): Sagen aus dem Nachlass von Richard Wossidlo

EINZELNACHWEIS DER QUELLEN

Die folgenden Einzelnachweise nehmen Bezug auf das obige Verzeichnis der verwendeten Literatur. Im Einzelnachweis werden die im Literaturverzeichnis ausführlich zitierten Quellen aus Platzgründen in Kurzform benannt. Die meisten Sagen sind in mehreren Quellen in unterschiedlichen Fassungen dokumentiert. Im vorliegenden Quellenverzeichnis wird überwiegend die Quelle der Fassung genannt, die der jeweiligen Nacherzählung zugrunde liegt. Bei Sagen, die schon sehr früh nachweisbar sind (vor Niederhöffer), wird auf die älteste auffindbare Fassung verwiesen. Die Nennung der Quelle „Wossidlo-Archiv" besagt, dass hier auf die Original-Aufzeichnungen Richard Wossidlos oder auf Beiträger-Korrespondenzen aus Wossidlos Sammlungen zurückgegriffen wurde.
Alle bekannten Fassungen, Zitate oder Nacherzählungen einer Sage zu benennen, würde den Rahmen dieser Publikation sprengen.

Aus der Slawenzeit

(1) Niederhöffer Nr. 331(erste Erwähnung der Sage bei Klüwer: Beschreibung des Herzogthums Mecklenburg)

(2) Alle in dieser Zusammenfassung verwendeten Zitate wurden aus Szczesiak: Auf der Suche nach Rethra 2006 entnommen. Eine gute Zusammenfassung bietet Schmitt: „Archäologische" Sagenforschung 2003

(3) Wossidlo-Archiv

(4) Bartsch Nr. 429

Ritter und Raubritter

(5) Fromm; Struck 1865

(6) Wossidlo: Sagen aus Waren 1929

(7) Wossidlo-Archiv

(8) Wossidlo-Archiv

(9) Niederhöffer Nr. 47 und Carl Struck 1879 (aus einem Brief an Heinrich Schliemann, Original erhalten in der Gennadis-Bibliothek Athen)

(10) Wossidlo-Archiv

(11) Wossidlo: Röbeler Sagen 1926 (dort sind mehrere Fassungen dieser Sage enthalten)

Historische Ereignisse

(12) Niederhöffer Nr. 349

(13) Raabe 1846

(14) Niederhöffer Nr. 25

(15) Wossidlo: Sagen Nr. 642

(16) Bartsch Nr. 647

(17) Wossidlo-Archiv

(18) Bartsch Nr. 531 und 537

(19) Klüver: Beschreibung des Herzogthums Mecklenburg

Seen, Fische und Wassergeister

(20) Diese Nacherzählung bezieht sich auf die Fassung von Ernst Hamann (Das alte Röbel 1926). Sie fasst zwei Sagen zusammen: Die Entstehung der Müritz (erstmals bei Fromm; Struck 1864) und die Bernsteinnice (erstmals bei Niederhöffer Nr. 136)

(21) Wossidlo: Röbeler Sagen 1926

(22) Wossidlo: Sagen aus Waren 1929

(23) Niederhöffer Nr. 306

(24) Wossidlo: Sagen aus Waren 1929

(25) Wossidlo: Sagen aus Waren 1929

(26) Wossidlo-Archiv

(27) Wossidlo-Archiv

(28) Wossidlo-Archiv

(29) Wossidlo-Archiv

(30) Wossidlo-Archiv

Drachen, Lindwürmer und Schlangen

(31) Wossidlo-Archiv

(32) Wossidlo: Sagen Nr. 404

(33) Wossidlo-Archiv

(34) Wossidlo-Archiv

(35) Sagen Nr. 417

Sagenhafte Tierwelt

(36) Wossidlo: Sagen aus Waren 1929

(37) Wossidlo: Sagen aus Waren 1929

(38) Wossidlo-Archiv

(39) Wossidlo-Archiv

(40) Wossidlo-Archiv

(41) Wossidlo-Archiv (Erzähler aus Waren), auch Neumann: Plattdeutsche Legenden Nr. 62

(42) Wossidlo-Archiv (Erzähler aus Wredenhagen), auch Neumann: Plattdeutsche Legenden Nr. 10

(43) Wossidlo: Tiere im Munde des Volkes

Zwerge

(44) Niederhöffer Nr. 274

(45) Wossidlo: Volkssagen von Malchow 1935

(46) Bartsch Nr. 61,5

(47) Wossidlo: Sagen Nr. 226

(48) Niederhöffer Nr. 260

(49) Bartsch Nr. 93

Riesen

(50) Wossidlo-Archiv

(51) Niederhöffer Nr. 106 und Wossidlo-Archiv

(52) Niederhöffer Nr. 55

(53) Wossidlo: Sagen aus Waren 1929

Schätze und Schatzsucher

(54) Wossidlo: Sagen aus Waren 1929

(55) Niederhöffer Nr. 20

(56) Niederhöffer Nr. 91

(57) Wossidlo: Sagen aus Waren 1929

(58) Wossidlo-Archiv

(59) Wossidlo-Archiv

(60) Bartsch Nr. 308/3

Geister und Tote

(61) Wossidlo-Archiv

(62) Wossidlo-Archiv

(63) Niederhöffer Nr. 175

(64) Wossidlo-Archiv

(65) Wossidlo: Sagen aus Waren 1929

(66) Wossidlo-Archiv

(67) Wossidlo-Archiv

(68) Niederhöffer Nr. 154

(69) Bartsch Nr. 256,12

(70) Bartsch Nr. 260

Spuk und wundersame Erscheinungen

(71) Wossidlo: Sagen aus Waren 1929

(72) Wossidlo: Sagen aus Waren 1929

(73) Wossidlo: Sagen aus Waren 1929

(74) Wossidlo-Archiv

(75) Wossidlo-Archiv

(76) Wossidlo-Archiv

(77) Wossidlo-Archiv

(78) Wossidlo-Archiv

(79) Wossidlo: Röbeler Sagen 1926

Die wilde Jagd und Fru Goden

(80 Bartsch Nr. 17

(81 Wossidlo-Archiv

(82 Wossidlo: Sagen Nr. 76

(83) Wossidlo: Sagen Nr. 21

(84) Kuhn; Schwartz 1848

(85) Kuhn; Schwartz 1848

(86) Bartsch Nr. 25 (erstmals veröffentlicht 1843 Günther)

Hexensagen

(87) Bartsch Nr. 125

(88) Bartsch Nr. 126

(89) Wossidlo-Archiv

(90) Wossidlo-Archiv

(91) Wossidlo-Archiv

(92) Wossidlo: Sagen Nr. 905

(93) Wossidlo: Sagen Nr. 989

(94) Bartsch Nr. 278

(95) Wossidlo: Sagen Nr. 1287

Teufelssagen

(96) Wossidlo-Archiv

(97) Niederhöffer Nr. 47

(98) Wossidlo-Archiv

(99) Wossidlo-Archiv

100) Wossidlo-Archiv

(101) Wossidlo: Sagen Nr. 456 a

(102) Wossidlo-Archiv (Erzähler aus Klink)